ROMANOS 1-7 PARA VOCÊ

Dados Internacionais de Catalogação na Publicação (CIP)
Angélica Ilacqua CRB-8/7057

Timothy, Keller
    Romanos 1—7 para você / Timothy Keller; tradução de Jurandy Bravo. — São Paulo: Vida Nova, 2017.
    224 p.
    Bibliografia

ISBN 978-85-275-0696-0
Título original: *Romans 1—7 for you*

1. Bíblia — Romanos   2. Bíblia — Romanos — Estudo e ensino   I. Título   II. Bravo, Jurandy

16-1034   CDD 227.1

Índice para catálogo sistemático:

1. Bíblia — Romanos

TIMOTHY KELLER

ROMANOS 1-7 PARA VOCÊ

Tradução
Jurandy Bravo

VIDA NOVA

©2014, de Timothy Keller
Título do original: *Romans 1—7 for you,*
edição publicada pela THE GOOD BOOK COMPANY (Epsom, Surrey, Reino Unido).

Todos os direitos em língua portuguesa reservados por
SOCIEDADE RELIGIOSA EDIÇÕES VIDA NOVA
Rua Antônio Carlos Tacconi, 63, São Paulo, SP, 04810-020
vidanova.com.br | vidanova@vidanova.com.br

1.ª edição: 2017
Reimpressões: 2020, 2024

Proibida a reprodução por quaisquer meios,
salvo em citações breves, com indicação da fonte.

Impresso no Brasil / *Printed in Brazil*

Todas as citações bíblicas sem indicação da versão foram extraídas da Almeida Século 21. As citações com indicação da versão *in loco* foram extraídas da Nova Versão Internacional (NVI), ou traduzidas diretamente da Nova Tradução na Linguagem de Hoje (NTLH), da Almeida Revista e Atualizada (ARA), da New International Version (NIV), da King James (KJ), da English Standard Version (ESV), da Revised Standard Version (RSV) e da New English Bible (NEB).

DIREÇÃO EXECUTIVA
Kenneth Lee Davis

GERÊNCIA EDITORIAL
Fabiano Silveira Medeiros

EDIÇÃO DE TEXTO
Lucília Marques da Silva

REVISÃO DA TRADUÇÃO E
PREPARAÇÃO DE TEXTO
Paula N. Jacobini

REVISÃO DE PROVAS
Gustavo N. Bonifácio

GERÊNCIA DE PRODUÇÃO
Sérgio Siqueira Moura

DIAGRAMAÇÃO
Sonia Peticov

CAPA
André Parker

ADAPTAÇÃO DA CAPA
Vânia Carvalho

SUMÁRIO

Prefácio da série 7
Introdução a Romanos 1—7 9

1. Apresentando o evangelho *1.1-17* 15
2. Os pagãos necessitam do evangelho *1.18-32* 30
3. Os religiosos necessitam do evangelho (primeira parte) *2.1-16* 45
4. Os religiosos necessitam do evangelho (segunda parte) *2.17-29* 59
5. Todos necessitam do evangelho *3.1-20* 73
6. Um diamante sobre um fundo escuro *3.21-31* 87
7. Quando a justificação começou *4.1-25* 103
8. O que a justificação propicia *5.1-11* 118
9. Por que a justificação é proporcionada *5.12-21* 133
10. Unidos a Cristo *6.1-14* 150
11. Escravos de Deus *6.15—7.6* 165
12. Guerra contra o pecado *7.7-25* 178

Apêndice 1 193
Apêndice 2 205
Apêndice 3 214
Glossário 217
Bibliografia 221

PREFÁCIO DA SÉRIE

Cada volume da série *A Palavra de Deus para Você* o transporta ao âmago de um livro da Bíblia e aplica as verdades nele contidas ao seu coração. Os objetivos principais de cada título são:

- estar centrado na Bíblia;
- glorificar a Cristo;
- ter aplicação relevante;
- ser lido com facilidade.

Use *Romanos 1—7 para você...*

... para ler e estudar. Você pode simplesmente percorrê-lo de capa a capa, lendo ou estudando, como um livro que explica e investiga os temas, as exortações e os desafios dessa porção das Escrituras.

... para meditar e se alimentar. Você pode trabalhar o livro como parte de suas devoções pessoais regulares, ou usá-lo em conjunto com um sermão ou uma série de estudos bíblicos da sua igreja. Cada capítulo é dividido em duas seções, com perguntas para reflexão no fim de cada uma delas.

... para ensinar e liderar. Pode usá-lo como recurso no ensino da Palavra de Deus, tanto no ambiente de um pequeno grupo quanto em toda a igreja. Você verá que versículos ou conceitos complicados estão explicados aqui em linguagem simples, e encontrará temas e ilustrações úteis, acompanhados de sugestões de aplicações.

Os livros desta série não são comentários. Não pressupõem um entendimento das línguas originais da Bíblia, nem um alto nível de conhecimento bíblico. Palavras de uso mais raro, ou que são usadas de maneira diferente na linguagem do dia a dia

PREFÁCIO da série

da igreja, são marcadas em VERSALETE quando aparecem pela primeira vez e explicadas em um glossário no fim do volume. Em geral os substantivos e os adjetivos aparecerão no glossário no masculino e no singular e os verbos na forma não flexionada. Nele você também encontrará detalhes de recursos que poderá utilizar em conjunto com o livro, tanto na vida pessoal quanto na igreja.

Oramos para que, durante a leitura, você seja impactado não só pelo conteúdo de cada livro da série, mas pelo livro que ele está ajudando a expor; e para que você venha a louvar não o autor desta obra, mas Aquele para o qual ela aponta.

CARL LAFERTON
Editor da série

INTRODUÇÃO A ROMANOS 1—7

A Carta aos Romanos é um livro que transforma o mundo repetidas vezes pela transformação das pessoas.

O pastor inglês John Stott foi um homem transformado por Romanos. O ministério e o comprometimento de Stott com o evangelismo causaram grande efeito, ao longo do século 20, sobre a igreja no Reino Unido, nos Estados Unidos e, talvez ainda de forma mais marcante, nos países em desenvolvimento. Ele escreveu sobre sua:

> ... relação de amor e ódio com Romanos, por causa dos prazerosos/dolorosos desafios pessoais do livro. [...] Foi a exposição devastadora do pecado e da culpa universais do ser humano, que Paulo faz em Romanos 1.18—3.20, que me resgatou daquele tipo de evangelismo superficial, preocupado apenas com as "necessidades percebidas" das pessoas.[1]

Quase quinhentos anos antes de as palavras de Paulo chamarem Stott ao evangelismo voltado para nosso relacionamento com Deus, Romanos mudou outros dois homens de um modo que transformaria a igreja por completo.

Martinho Lutero foi um monge alemão a quem ensinaram que, para ser salvo, Deus exigia dele uma vida reta. E assim ele cresceu odiando a Deus, primeiro por exigir o que ele não podia dar, depois por entregá-lo ao fracasso. Até que Lutero leu e enfim captou o sentido de Romanos 1.17: "... no evangelho é revelada a justiça [retidão] de Deus, uma justiça que do princípio ao fim é pela fé..." (NVI).

---

[1] *The message of Romans*, The Bible Speaks Today (Downers Grove: IVP Academic, 2001), p. 10 [edição em português: *A mensagem de Romanos*, A Bíblia Fala Hoje (São Paulo; ABU, 2000)].

> Labutei diligente e ansiosamente para compreender a palavra de Paulo [...] a expressão "a justiça de Deus" atravancava o caminho, pois eu a interpretava com o sentido daquela justiça por meio da qual Deus é justo e age justamente ao punir o injusto. Apesar de ser um monge impecável, eu me postava diante de Deus como pecador [...] portanto, não amava um Deus justo e raivoso, antes o odiava e contra ele murmurava [...]
> Então compreendi que a justiça de Deus é aquela pela qual, por graça e pura misericórdia, ele nos justifica pela fé. Por isso senti que renasci e atravessei as portas do paraíso [...] Lancei-me em seu interior. Se antes odiava a expressão "a justiça de Deus", passei agora a considerá-la a mais cara e reconfortante notícia.[2]

A descoberta revolucionária de Lutero em Romanos 1 levaria ao restabelecimento do evangelho na Alemanha e por toda a Europa e, depois, à Reforma protestante. Um dos maiores teólogos e pastores da Reforma, o francês João Calvino, ministrando em Genebra, Suíça, falou de Romanos como sua:

> ... porta de entrada [...] para todos os tesouros mais escondidos das Escrituras [...] Portanto, o tema desses capítulos pode ser assim enunciado: a única justiça do homem é por meio da misericórdia de Deus em Cristo, a qual, oferecida pelo evangelho, é apreendida pela fé.[3]

Tanto Lutero quanto Calvino tiraram grande proveito dos escritos de um líder anterior da igreja, Agostinho, bispo de

---

[2] *Commentary on the Epistle to the Romans* (Edinburgh: Kregel Classics, 2003).

[3] *Commentaries on the Epistle of Paul to the Romans*, tradução para o inglês de John Owen (Edinburgh: Calvin Translation Society, 1849), p. 16 [edição em português: *Romanos*, Série Comentários Bíblicos, tradução de Valter Graciano Martins (São José dos Campos: Fiel, 2014)].

INTRODUÇÃO a Romanos 1—7

Hipona (onde hoje fica a Argélia), no quarto século. A mãe de Agostinho era cristã, mas o filho deu as costas à fé professada por ela. Ele buscou a verdade em outros lugares, decidiu viver como bem entendesse e foi pai de uma criança fora do casamento. Quando vivia em Milão, no entanto, ouviu a pregação do bispo Ambrósio, figura altaneira da igreja, e descobriu-se incapaz de se desvencilhar do que escutara:

> O tumulto do meu coração me levou ao jardim onde ninguém poderia interferir na luta ardente em que me envolvera comigo mesmo [...] Torcia-me e contorcia-me em minhas cadeias. De repente, ouvi uma voz, vinda da casa ao lado, entoando, como se pertencesse a um menino ou uma menina [...] "Pegue e leia, pegue e leia". [Peguei] o livro do apóstolo [i.e.: Romanos], abri-o e li em silêncio a primeira passagem com que meus olhos depararam: "... não em orgias e bebedeiras, não em imoralidade sexual e depravação, não em desavença e inveja. Ao contrário, revistam-se do Senhor Jesus Cristo, e não fiquem premeditando como satisfazer os desejos da carne" (13.13,14). Não quis nem precisei ler além disso. De imediato, com as últimas palavras da oração, foi como se o alívio de toda ansiedade inundasse meu coração. Todas as sombras da dúvida foram dissipadas.[4]

Assim, Deus usou o livro de Romanos para trazer à fé o homem que bem pode ter sido a maior influência sobre a igreja entre o próprio Paulo e Lutero, um milênio depois.

O que o livro de Romanos tem que o faz assim capaz de transformar vidas e moldar a história? Isso acontece porque Romanos está relacionado com o evangelho. Paulo escreveu

---

[4] *Confessions* (New York: Mentor/Penguin, 1963), livro VIII, cap. 12 [edição em português: *Confissões*, 3. ed., tradução de Maria Luíza Jardim Amarante (São Paulo: Paulus, 2006)].

INTRODUÇÃO a Romanos 1—7

à igreja em Roma por volta de 57 a.D., primeiro por querer que seus membros compreendessem o evangelho; depois, para que o vivenciassem — a fim de que conhecessem sua gloriosa libertação. É provável que lhes escrevesse durante sua terceira viagem missionária, possivelmente de Corinto, Grécia. Eram cristãos com quem ele nunca se encontrara, embora esperasse fazê-lo em breve. Parecia ser uma igreja que sofria as tensões entre cristãos judeus e gentios. No entanto, embora Paulo nunca os tivesse visto pessoalmente, sabia do que mais precisavam ouvir — o evangelho.

Como Lutero e Calvino apresentam de maneira tão poderosa, esse "evangelho de Deus" (Rm 1.1) era uma declaração da justiça divina. Essa era a mensagem de que a perfeição e a santidade de Deus são vistas na vida e na morte de Jesus Cristo; *e* de que essa perfeição nos é oferecida, como um dom gratuito, pela vida e pela morte de Jesus Cristo. Essa é a "mensagem do evangelho" de Romanos. Como veremos, Paulo nos mostra não só como Deus justifica os pecadores no evangelho, mas também como *desfrutamos* desse dom tão precioso em nossa vida — como ele produz transformações profundas e monumentais em nosso comportamento e até em nosso caráter.

> Paulo nos mostra como *desfrutamos* da justiça recebida em nossa vida.

Lendo essa carta e refletindo sobre ela hoje, devemos estar preparados para ter nosso coração moldado e nossa vida transformada pelo dom da justiça de Deus, como aconteceu com tantos outros. Romanos nos estimula a perguntar: "Será que eu, como Lutero, 'lancei-me' para a liberdade e a libertação que o evangelho me traz, tanto em relação ao meu futuro quanto em relação à minha vida presente?".

Romanos talvez seja o livro da Bíblia sobre o qual mais se escreve — sua estrutura e sua abordagem têm sido tema de

INTRODUÇÃO a Romanos 1—7

debate ao longo da história da igreja. Nos apêndices, incluí um esboço detalhado dos sete primeiros capítulos da carta, para ajudar o leitor a enxergar o fluxo e a lógica gerais do pensamento de Paulo; diversas páginas sobre a concepção bíblica da idolatria, fundamental para o tratamento conferido por Paulo ao pecado e à justiça, nos capítulos 1 a 3; e uma descrição muito breve, além da respectiva resposta, dos recentes debates sobre a quem Paulo se dirige em Romanos e o que ele lhes diz.

Mas este recurso não se pretende uma palavra exaustiva ou final! Não é um comentário; não atinge a profundidade que atingiria um comentário, nem interage com a erudição histórica e atual. É um guia expositivo, desvendando as Escrituras e sugerindo a maneira pela qual ela se aplica a nós hoje. O que peço em oração é, simplesmente, que ele o ajude a, como diria Lutero, "se lançar": seja para entender a mensagem do evangelho, seja para experimentar a vida do evangelho, seja nos dois casos.

ROMANOS ▪ CAPÍTULO 1 ▪ VERSÍCULOS 1-17

1. APRESENTANDO O EVANGELHO

No fundo, Romanos é uma carta sobre o EVANGELHO. Foi escrita por um homem cuja vida e obra giraram em torno do evangelho, mostrando a diferença trazida e operada pelo evangelho. Não surpreende que o início da carta seja inteiro sobre o evangelho.

Separado para o evangelho

Como acontece com todas as cartas da antiguidade, o escritor começa se apresentando. Ele é "Paulo". Primeiro e acima de tudo, ele é um cristão — "... servo de Jesus Cristo..." (v. 1). O sentido literal de servo aqui é escravo — *doulos*. Paulo, como todo cristão, tem um mestre. É um homem debaixo de autoridade. Segundo, Paulo foi "... chamado para ser apóstolo..." (v. 1). Ele é um *apostolos* — "enviado". Não se trata de uma tarefa que tenha escolhido para si, ou para a qual tenha se candidatado. Ele foi "chamado" para assumi-la — COMISSIONADO e instruído diretamente pelo Jesus ressurreto (veja At 9.1-19). Ele recebeu autoridade para ensinar diretamente de Cristo. O que escreve faz parte das Escrituras. O que se segue à sua apresentação é verdade.

Mas por que o Senhor chamou Paulo para ser seu apóstolo? Para que ele fosse "... separado para o evangelho de Deus..." (v. 1). A palavra traduzida como "separado" significa ser afastado e apartado de tudo o mais. Paulo foi apartado para propagar o evangelho, para perseguir esse único e primordial objetivo. É para isso que será "escravo" toda a sua vida; mas também será nisso, como veremos (v. 9,11,15), que se regozijará a vida inteira. Para Paulo, esse evangelho é tão grandioso, que ele está disposto a se apartar de *qualquer coisa* — riqueza, saúde, aplausos, amigos, segurança e assim por diante — a fim de ser fiel ao seu chamado.

O evangelho: *quem*, não *o quê*

O que é esse "evangelho" em que Paulo se dispõe a se gloriar por servir como escravo? Que evangelho o deixaria feliz por perder tudo a fim de compartilhá-lo? Primeiro, vale a pena refletir no termo em si. "Evangelho" — *euangeloi* — é, literalmente, "boa notícia". No primeiro século, se um imperador, em um campo de batalha distante, conquistasse grande vitória que lhe assegurasse paz e estabelecesse sua autoridade, ele enviaria arautos — *angeloi* — incumbidos de proclamar sua vitória, paz e autoridade. Em palavras mais simples, o evangelho é um anúncio — uma proclamação. Evangelho não é conselho a ser seguido; é notícia, boas (*eu*) notícias sobre o que foi feito.

O apóstolo Paulo é o arauto desse anúncio. Vale lembrar que o evangelho não é de Paulo; não se originou com ele, e ele não reivindicou a autoridade para engendrá-lo. Antes, é "... de Deus" (v. 1). Assim como Paulo, não temos a liberdade de remodelá-lo para que soe mais atraente em nossos dias, nem para domesticá-lo de modo a se tornar mais cômodo para nossa vida.

Tampouco o evangelho é novo; antes, Deus o "... havia prometido pelos seus profetas nas santas Escrituras" (v. 2). É disso que trata o Antigo Testamento. Todas as "Escrituras" apontam para esse anúncio. Elas são o andaime sobre o qual Paulo se posta como arauto de Deus. Cada página escrita por Deus anteriormente esboça o que agora declarou em detalhes.

O conteúdo do evangelho é "... seu Filho..." (v. 3). O evangelho é centrado em Jesus. Ele diz respeito a uma pessoa, não a um conceito; é sobre ele, não nós. Jamais compreenderemos o evangelho enquanto não entendermos que não se trata fundamentalmente de uma mensagem sobre nossa vida, nossos sonhos ou nossas esperanças. Ele fala sobre todas essas coisas, e as transforma, mas só porque não é sobre nós. O evangelho é uma proclamação sobre o Filho de Deus, o homem Jesus. Esse Filho era:

> O evangelho diz respeito a uma pessoa, não a um conceito; é sobre ele, não nós.

- *plenamente humano*: "... como ser humano..." (v. 3, NTLH).
- *aquele que cumpriu as promessas das Escrituras*: ele era "... da descendência de Davi" (v. 3), o rei de Israel que vivera um milênio antes. Deus prometera a Davi gerar de sua família o Rei supremo, definitivo, universal — o Cristo (veja 2Sm 7.11b-16). E a vida do próprio Davi — seu governo, seu sofrimento e sua glória — de várias maneiras prenunciou a de seu maior descendente (veja Sl 2; 22; 110).
- *divino*: o Filho "... com poder foi declarado Filho de Deus [...] pela ressurreição dentre os mortos..." (v. 4). Paulo não está dizendo que Jesus só se tornou Filho de Deus quando ressuscitou do túmulo. Em vez disso, ele está delineando duas grandes verdades sobre a ressurreição. Primeira, o túmulo vazio constitui a grande declaração de quem é Jesus. Sua ressurreição afasta toda dúvida de que ele é o Filho de Deus. Segunda, sua ressurreição e sua ASCENSÃO foram o caminho para

que ele ocupasse o lugar que lhe pertence por direito; governando assentado à direita de Deus (Ef 1.19b-22), exaltado "... à mais alta posição...", onde lhe foi dado "... o nome que está acima de todo nome, para que ao nome de Jesus se dobre todo joelho..." (Fp 2.9,10, NVI). O Filho de Deus humildemente se tornara um homem, provara da pobreza, suportara a rejeição e sofrera uma morte impotente. Na ressurreição, vemos não só que ele é o Filho de Deus, mas que agora é o Filho de Deus *"com poder"*.

É apenas no final do versículo 4 que Paulo de fato dá nome ao Filho de Deus: "... Jesus Cristo, nosso Senhor". O Filho de Deus é Jesus, a versão grega do nome hebraico *Yeshua/Josué* — "Deus salvará", o cumpridor de tudo que Deus "... havia prometido..." (v. 2). Ele é Cristo, o homem ungido a quem Deus designara para governar seu povo. E é nosso Senhor, o próprio Deus. O evangelho é tanto uma declaração do governo perfeito de Jesus quanto um convite para nos submetermos a esse governo perfeito, para fazermos dele "*nosso* Senhor".

Obediência movida pela fé

Esse é o evangelho que Paulo anuncia. Ele recebeu "... GRAÇA e apostolado..." (v. 5 — i.e.: tanto a tarefa de apóstolo quanto o poder para realizá-la, a graça). E seu papel específico é chamar "... todos os GENTIOS...". O evangelho é para o antigo povo de Deus, os judeus — mas não só para eles. Deus comissionou Paulo para levar a mensagem do seu Filho a quem não é judeu. Ele é "... um instrumento escolhido [por Deus] para levar o meu nome perante os gentios, reis e israelitas" (At 9.15).

E qual é o chamado do evangelho? Obedecer a Cristo e nele confiar — viver pela "... obediência da fé" (v. 5). O que isso quer dizer? O restante do livro de Romanos traz a explicação! Mas vale a pena ressaltar duas coisas aqui.

Primeiro, isso *não* significa que Paulo estivesse ensinando aos gentios que, para serem salvos, deviam ter FÉ e também praticar a obediência, embora as duas coisas sejam fundamentos necessários para ficarmos quites com Deus. Trata-se de uma obediência proveniente da fé — que brota de uma confiança de todo o coração em Jesus, o Filho de Deus. A obediência flui da fé; é consequência de se ter fé, não uma segunda condição para a salvação.

Mas, em segundo lugar, isso *realmente* significa que a fé verdadeira em nosso coração produz a obediência em nossa vida. Por quê? Porque o evangelho é a proclamação de que Jesus é o Rei prometido, o Filho de Deus ressurreto e poderoso, que agora convida a nos achegarmos a fim de desfrutarmos das bênçãos do seu governo. Repetindo, veremos muito mais a respeito do motivo pelo qual precisamos ser convidados, de como esse convite é possível e do quão maravilhoso é o governo de Jesus, no restante da carta de Paulo. Aqui, a questão é que a "fé" verdadeira é a fé em um Rei divino, a quem devemos nossa obediência e de quem (como Paulo) somos servos.

> A "fé" verdadeira é a fé em um Rei divino, a quem devemos obedecer com alegria.

Haverá uma alegre obediência que flui do fato de confiarmos verdadeiramente nesse Rei. Como disse o grande REFORMADOR do século 16, Martinho Lutero: "Somos salvos só pela fé, mas a fé que salva jamais está só". Ela traz consigo gratidão, alegria e confiante obediência.

Por que Paulo foi a Roma

Essa vida de fé e obediência movida pela fé abrange "... vocês também...", a igreja em Roma, diz Paulo. Nos versículos 6 e 7, ele descreve esses cristãos de quatro maneiras maravilhosas. Primeiro, eles foram "... chamados para ser de Jesus Cristo". Segundo, são "... amados de Deus...". Terceiro, "... chamados para [serem] santos..." — pessoas puras e separadas, no sentido literal. Quarto, desfrutam de "... graça e paz [...] da parte de Deus nosso Pai e do Senhor Jesus Cristo".

Paulo é levado a dar "... graças ao meu Deus, por intermédio de Jesus Cristo, por todos vós, pois a vossa fé é anunciada em todo o mundo" (v. 8). O próprio Paulo nunca esteve nessa igreja, mas ouviu falar muito sobre ela; tem orado por ela (v. 9,10); e tem orado para que agora consiga ir a Roma pessoalmente (v. 10).

Por que Paulo quer visitar essa igreja, que evidentemente já vive uma obediência proveniente da fé, e pela qual ele pode agradecer a Deus e orar de longe? Para "... compartilhar convosco algum dom espiritual, a fim de que sejais fortalecidos" (v. 11). Ele deseja usar suas habilidades de pregação e pastoreio a fim de que a igreja possa ser encorajada na fé (v. 12). Há uma surpresa aqui. O grande apóstolo não quer visitá-la apenas para poder encorajá-la. Ele o fará para que ela também o encoraje — "... para que juntamente convosco, eu seja encorajado pela fé *mútua*, vossa *e* minha" (v. 12, grifo do autor).

Impressionante! Se Paulo buscou o encorajamento de outros crentes, e se buscou esse encorajamento na fé de outros crentes, quanto mais nós devemos fazê-lo! Os versículos 11 e 12 começam a nos mostrar parte do que é a obediência que vem pela fé; é obedecer a Cristo tendo a humildade para servir seu povo e ser por ele servido. O versículo 11 nos ensina a usar sejam quais forem os dons que o Senhor nos concedeu de maneira graciosa para fortalecer a fé das pessoas. O versículo 12 nos ensina a permitir que outros usem a fé e os dons que o Senhor lhes concedeu para nos edificar. Nunca deveríamos ir embora das reuniões da nossa igreja, tendo passado tempo rodeados por pessoas de fé distintas e queridas, sem nos sentirmos encorajados!

Como podemos experimentar esse encorajamento na realidade, de domingo a domingo e semana após semana, ao nos reunirmos? Lembrando-nos de que Deus declarou que Jesus é seu Filho, ressurreto com poder para governar em poder, e que pela fé nele desfrutamos de sua graça e da paz com ele. Quando passamos tempo com outros crentes, estamos passando tempo com aqueles que dizem: "Isso é verdade" e "Isso é maravilhoso" para tal declaração. Podemos ver a fé e a obediência que decorrem dela ao nosso redor. Podemos ver as pessoas usando seus dons em benefício de outros, e podemos usar os nossos em benefício delas. É isso que nos encoraja e nos fortalece.

Perguntas para reflexão

1. O que está faltando no evangelho em que você crê, se você subestima ou se esquece da verdade de que o Filho de Deus é "Jesus", "Cristo" ou o "Senhor"? Já lhe aconteceu de subestimar uma ou outra dessas características no modo como pensa e vive?

2. Você consegue enxergar a "obediência que provém da fé" em sua própria vida?

3. Que diferença faria se você fosse à igreja no próximo domingo buscando conscientemente encorajar as pessoas? Você permite que a fé e as palavras dos outros o encorajem?

SEGUNDA PARTE
Tempo de colheita em Roma

Paulo tem um segundo propósito para a visita a Roma, embora vinculado ao primeiro de encorajar e ser encorajado.

Ele planejou "... muitas vezes [...] visitar-vos [...] para conseguir algum fruto entre vós, como também entre os demais gentios" (v. 13).

Essa "colheita" provavelmente tem dois aspectos. Paulo espera que ela aconteça *dentro* da igreja romana — o que Jesus retratou ao falar das pessoas que tinham ouvido e aceitado a palavra, produzindo "... fruto; alguns trinta por um, outros, sessenta por um, e outros, cem por um" (Mc 4.20). Os versículos seguintes, no entanto, mostram que Paulo também deseja colher frutos *fora* da igreja; foi a isso que Jesus se referiu quando disse a seus seguidores: "... a colheita é grande, mas os trabalhadores são poucos; rogai ao Senhor da colheita que mande trabalhadores para a sua colheita" (Mt 9.37,38). Paulo está indo a Roma tanto para encorajar quanto para EVANGELIZAR.

Ele se vê como um "devedor", a gregos e a bárbaros, a sábios e a ignorantes, a todos, não importa a procedência étnica ou a capacidade intelectual (v. 14). Mas Paulo nunca se encontrou com a igreja romana, muito menos com a população de Roma como um todo. Portanto, em que sentido ele lhe é devedor? Para ilustrar, pense de que modo posso estar em débito com você. Primeiro, suponhamos que você tenha me emprestado 100 reais — e sou seu devedor até lhe pagar. Mas outra pessoa pode ter me dado 100 reais para entregar a você — e sou seu devedor até lhe repassar o dinheiro. É nesse segundo sentido que Paulo é "devedor" de todo o mundo, em toda parte. Deus compartilhou o evangelho com ele. Acontece que Deus também o comissionou para proclamá-lo às pessoas. Por isso, Paulo lhes deve o evangelho.

Colocar lado a lado os versículos 14 e 5 nos fornece a motivação de Paulo para seu testemunho. Primeiro, é "... por causa do seu nome..." (v. 5). O evangelho declara que Jesus é o Rei poderoso, salvador. Seu status exige honra. Seus atos ao morrer e ressuscitar merecem honra. E ele é honrado ao ser reconhecido como "nosso Senhor". É por causa de Jesus que Paulo transmite o evangelho para as pessoas.

Mas, em segundo lugar, é também pelas pessoas. Veremos quem necessita do evangelho, e por que, nos próximos três capítulos deste livro. Mas o versículo 14 nos dá uma noção de que Paulo tem um desejo ardente de saldar sua dívida transmitindo a mensagem do evangelho que Deus lhe entregara. Seu amor e consideração por Jesus, e seu amor e consideração pelas pessoas, são o motivo pelo qual "... estou tão ansioso para pregar o evangelho também a vocês que estão em Roma" (v. 15, NIV). Todo o mundo precisa do evangelho, tanto os "vocês" de dentro da igreja quanto os "vocês" ainda fora dela. O evangelho é a maneira pela qual as pessoas são chamadas à fé e nela crescem.

Não temos a comissão específica de Paulo como apóstolo aos gentios. Mas ainda somos comissionados pelo Senhor: "... ide, fazei discípulos de todas as nações, batizando-os em nome do Pai, do Filho e do Espírito Santo; ensinando-lhes a obedecer a todas as coisas que vos ordenei..." (Mt 28.19,20). Conduzir as pessoas para "... a obediência da fé..." é uma comissão dada a todos os crentes, porque: "... Toda autoridade me foi concedida [a Jesus] no céu e na terra. Portanto, ide..." (Mt 28.18,19).

Ansioso ou envergonhado?

Em todas as épocas, no entanto, é possível sentir vergonha do evangelho (v. 16), em vez de ansiar por compartilhá-lo. O termo traduzido como "envergonho de", nesse versículo, também quer dizer "ofendo-me por". Como o evangelho é ofensivo?

1. O evangelho nos insulta de verdade ao dizer que nossa salvação é gratuita e imerecida! Ele nos ensina que somos fracassos espirituais tão grandes que o único modo de ganharmos a salvação é ela sendo um dom completo. Isso ofende as pessoas morais e religiosas, que pensam que sua decência lhes dá uma vantagem sobre gente menos moral.

2. O evangelho também nos insulta ao nos dizer que Jesus morreu por nós. Ele nos ensina que somos maus a ponto de só a morte do Filho de Deus poder nos salvar. Isso ofende o culto moderno da autoexpressão e a crença popular na inata correção moral da humanidade.

3. O evangelho, ao nos dizer que tentar ser moralmente correto e espiritual não basta, insiste em que ninguém que é "moral e correto" será salvo, apenas os que vão a Deus por meio de Jesus. Isso ofende a noção moderna de que qualquer pessoa do bem, em qualquer lugar, pode encontrar a Deus "do seu próprio jeito". Não gostamos de perder nossa AUTONOMIA.

4. O evangelho nos ensina que Jesus obtete a nossa salvação por meio de sofrimento e serviço (não por conquista e destruição) e que segui-lo significa sofrer e servir com ele. Isso ofende as pessoas que desejam que a salvação seja uma vida fácil; ofende também quem quer uma vida segura e confortável.

Não me envergonho porque...

No entanto, Paulo *não* se envergonha do vergonhoso evangelho. Nos versículos 16 e 17, encontramos o resumo que ele faz desse evangelho — a declaração central da tese de Paulo, da qual flui o resto da carta.

Primeiro, ele não se envergonha do evangelho "... pois é o poder de Deus..." (v. 16). Paulo gosta de fazer a oposição entre "meras" palavras e o poder (veja, por exemplo, 1Co 4.20). Ele está dizendo que o evangelho não é mero conceito ou uma filosofia. No evangelho, as palavras e o poder andam juntos.

A mensagem do evangelho é o que Deus fez e fará por nós. Paulo afirma que o evangelho é, portanto, um poder. Não que ele traz ou tem poder, mas que efetivamente é poder. A mensagem do evangelho é mesmo o poder de Deus em forma verbal, COGNITIVA. Ela ergue as pessoas; muda e transforma as coisas. Quando delineada e explicada, ou quando se medita sobre ela, o poder do evangelho é liberado.

> A mensagem do evangelho é o poder de Deus em forma verbal.

Teodoreto, bispo sírio do século quinto, comparou o evangelho a uma pimenta: "A pimenta, por fora, parece fria [...] mas a pessoa que a aperta entre os dentes experimenta a sensação de fogo ardente". Do mesmo modo, prossegue, o evangelho pode parecer a princípio uma teoria ou uma filosofia interessante. Mas se o tomamos no nível pessoal, descobrimos que ele está repleto de poder.

O que seu poder *faz*? É o poder de Deus "... para a salvação..." (v. 16). O poder do evangelho é visto em sua capacidade de transformar por completo mentes, corações, orientação de vida, nosso entendimento de tudo que acontece, o modo como as pessoas se relacionam umas com as outras e assim por diante. Acima de tudo, ele é poderoso porque faz o que nenhum outro poder sobre a terra é capaz de fazer: salvar-nos, reconciliar-nos com Deus e nos garantir um lugar no REINO DE DEUS para sempre.

Tudo que se requer para conhecer essa salvação é crer: ela é oferecida a "... todo aquele que crê..." (v. 16). Aqui temos a primeira declaração explícita de que o único modo de receber o evangelho e seu poder é por meio da fé. A fé é, portanto, o canal ou a conexão com o poder do evangelho, assim como um interruptor de luz é o canal ou a conexão entre a lâmpada e uma fonte de energia elétrica.

Note que, nas palavras de Paulo, o poder do evangelho é ilimitado e restrito ao mesmo tempo. É para *todos*, como ele diz. Veio primeiro para os judeus, por intermédio de Jesus, mas é também para os gentios — todos e qualquer um. Contudo, Paulo também estabelece um limite para o evangelho. Ele é para todo aquele *que crê*.

Justiça revelada

O que tem o evangelho que o torna tão poderoso e lhe confere essa característica de remodelar a vida? Porque — "pois" — "... a justiça de Deus se revela no evangelho..." (v. 17). Ele é sobre o Filho — mas aqui vemos o grande feito do evangelho, o fato de que nele "... a justiça de Deus se revela...".

Podemos ter uma boa ideia do que é essa "justiça" ao pensar no significado "retidão", seu sinônimo. O que significa ser "reto" ou "correto" com sua empresa, com o governo ou com outra pessoa? Trata-se de uma palavra relacionada com a ideia de como você está posicionado em relação ao outro — significa que você tem uma posição de retidão ou correção moral e não tem dívidas ou débitos para com outra pessoa ou empresa. Você é aceitável para a outra parte porque seus registros não contêm nada que prejudique a relação. A outra parte nada tem contra você.

"Justiça de Deus" pode se referir ao caráter reto de Deus. Ele é perfeito em correção moral e santidade. Não há nele falta ou culpa. Mas Paulo fala aqui de uma justiça *proveniente de Deus*. Essa é uma afirmação sem paralelo, como demonstra o verbo "revelar" — ninguém jamais a conheceria, encontraria ou suporia, a menos que Deus a revelasse pela sua palavra. A posição reta (justa) é recebida de Deus, oferecida a nós por seu Filho.

A isso se refere a formulação um tanto complexa no meio do versículo 17. Outras versões, como a NIV, a traduzem como "... [uma justiça que] do princípio ao fim é pela fé...", cuja leitura permite compreender que Paulo está simplesmente dizendo que a justiça é recebida por meio da fé e só da fé, sempre. Não nos tornamos justos pela fé e depois mantemos nossa justiça por nossa própria correção moral. Mas a ESV tem uma tradução mais precisa: a justiça é "de fé em fé", e, nesse caso, o ensino é como explica John Stott:

> Não nos tornamos justos pela fé e depois a mantemos por nossa própria correção moral.

> A fidelidade de Deus [em relação a suas promessas, e na vida e morte de Jesus Cristo] sempre vem em primeiro lugar, e a nossa fé não é outra coisa senão uma reação.[1]

É importante perceber tudo mais que é prometido aqui, além de mero perdão. Muita gente pensa que Jesus morreu apenas para nos perdoar. Nossos pecados foram depositados sobre ele, e somos perdoados quando cremos nele. Isso é verdade, mas só metade da salvação cristã. Se Jesus tivesse feito só isso, receberíamos, não uma página em branco a partir da qual começar do zero, mas a mesma página suja com os borrões de tudo que uma borracha apenas apagara. Caberia a nós acrescentar-lhe crédito ou mérito. Contudo, Paulo nos diz aqui que nos foi concedida justiça, em vez de apenas termos sido declarados inocentes.

A salvação de Jesus não se compara a apenas receber perdão e libertação do corredor da morte e da prisão. Estaríamos livres nesse caso, mas por nossa conta, abandonados para construir nosso próprio caminho no mundo, atirados de novo a nossos próprios esforços, se pretendemos ser alguém. Mas

---

[1] *The message of Romans*, Bible Speaks Today (Downers Grove: IVP Academics, 2011), p. 64 [edição em português: *A mensagem de Romanos*, A Bíblia Fala Hoje (São Paulo: ABU, 2000)].

no evangelho descobrimos que Jesus nos tirou do corredor da morte e em seguida pendurou em nosso pescoço a medalha de Honra ao Mérito. Somos recebidos como heróis, como se tivéssemos realizado feitos extraordinários.

Como não viver pela fé

A justiça sempre foi recebida assim, afirma Paulo (ele entrará em mais detalhes sobre o assunto no capítulo 4). Ele diz no versículo 17, citando Habacuque 2.4: "... como está escrito: O justo viverá pela fé". Refletindo sobre o que Paulo quer dizer, talvez seja mais útil pensar em como as pessoas (até mesmo os cristãos) poderiam *não* viver pela fé. Na raiz de todos os pecados, e de todos os problemas, está a descrença no evangelho e a rejeição a ele. Tanto os imorais quanto os morais rejeitam o evangelho quando tentam ser seus próprios salvadores.

1. Quando pessoas LICENCIOSAS rejeitam a religião e a Deus, sua rebeldia na verdade consiste na recusa em crer no evangelho — a mensagem de que são tão pecadoras que só Jesus pode ser seu Salvador.

2. Quando pessoas moralistas pegam a religião e a moralidade e ficam ansiosas (porque têm consciência de que jamais conseguirão viver segundo esses padrões) ou orgulhosas (porque pensam que conseguem), sua ansiedade e/ou orgulho é, na verdade, a recusa em crer no evangelho — a mensagem de que são tão pecadoras que só Jesus pode ser seu Salvador.

3. Quando pessoas cristãs pecam, isso sempre envolve o esquecimento de que elas não têm como salvar a si próprias; só Jesus pode fazê-lo. Quando somos amargos é porque nos esquecemos de que já somos inteiramente salvos só pela graça — então como podemos retê-la? Quando trabalhamos em excesso por medo de fracassar ou nos sentimos deprimidos por termos fracassado, é porque nos esquecemos de que não podemos fazer por merecer nossa justiça, mas que, aos olhos de Deus, já somos justos.

O evangelho sempre causará ofensa por revelar que temos uma necessidade que não somos capazes de suprir. Por isso, sempre seremos tentados a nos envergonhar dele. Precisamos nos lembrar de que ele é o poder de Deus; de que revela a justiça de Deus, e é o modo pelo qual recebemos sua justiça. Isso é o que basicamente reverte nossa atitude em relação ao compartilhamento do evangelho. O oposto de se envergonhar não é se dispor; é desejar ardentemente. Ficamos tão ávidos quando conhecemos a verdade, a maravilha e o poder do evangelho em tamanha profundidade que o proclamamos. Não porque sabemos que *devemos* fazê-lo ou porque sentimos que *precisamos* fazê-lo, mas porque desejamos e amamos fazê-lo, "... por causa do seu nome..." (v. 5).

Perguntas para reflexão

1. Medite no quanto Jesus exige e merece reconhecimento e respeito. Como isso o motivará a falar sobre ele esta semana?

2. Em que situações você se descobre sentindo vergonha do evangelho? Como os versículos 16 e 17 poderiam transformar esse sentimento em anseio da próxima vez?

3. Pense em um pecado contra o qual você luta. Em que sentido você está rejeitando o evangelho ao pecar desse modo? Como crer no evangelho transformará a próxima luta que você enfrentar?

ROMANOS ▪ CAPÍTULO 1 VERSÍCULOS 18-32

2. OS PAGÃOS NECESSITAM DO EVANGELHO

O resumo conciso de Paulo nos versículos 16 e 17 provoca duas questões: "Por que o justo *tem* de viver pela fé? Por que uma justiça *recebida* é o único modo de estarmos em uma situação sem pendências diante de Deus?" Paulo levará de 1.18 a 3.20 para nos mostrar por que necessitamos que Deus nos dê justiça — por que não podemos conquistá-la, fazer por merecê-la ou obtê-la por nós mesmos. Isso nos apresentará um quadro obscuro da humanidade. No entanto, é o pano de fundo contra o qual a joia reluzente do evangelho brilha com intensidade ainda maior.

Ira revelada

O versículo 18 começa com um "pois". Portanto, ele nasce dos versículos 16 e 17; Paulo está nos mostrando que o evangelho é necessário, não pela simples razão de me fazer feliz, mas porque existe uma coisa chamada "... a ira de Deus..." que eu enfrento. A confiança, a alegria e a paixão pelo evangelho repousam sobre a premissa de que todos os seres humanos se encontram, longe do evangelho, debaixo da ira de Deus. Se você não compreende a ira de Deus ou não crê nela, o evangelho não o empolgará nem comoverá, nem o investirá de poder.

A ira de Deus — sua ira estabelecida, justa, correta — é uma realidade presente, segundo Paulo. Ela "... se revela..."

(v. 18). Ele não diz: "A ira de Deus será revelada". É possível contemplá-la *agora*, hoje. Isso sugere duas questões: "Por que ela se revela?" e "Como ela se revela?". O restante do capítulo dá a resposta do apóstolo.

Supressão

O que atrai a ira de Deus é "... impiedade e injustiça...". A primeira fala do desprezo pelos direitos de Deus, da destruição de nossa relação vertical com ele. A segunda se refere ao desprezo dos direitos humanos ao amor, à verdade, à justiça etc., de uma destruição das relações horizontais com aqueles que nos cercam. É a ruptura do que Jesus disse serem os dois maiores mandamentos: amar a Deus e amar ao próximo (Mc 12.29-31).

Paulo de imediato antevê a objeção da ignorância das pessoas. Como Deus pode responsabilizar alguém por não conhecer um Deus de quem nunca ouviu falar? Mas, na verdade, ninguém é ignorante, porque todos conhecem a verdade e a suprimem. O versículo 21 chega a ponto de dizer que todos os seres humanos, em toda parte e em todos os tempos, "... [têm] conhecido a Deus...". Conhecem-no porque "... Deus é manifesto entre eles [...] desde a criação do mundo..." (v. 19,20). A criação nos mostra que há um Deus de "... eterno poder e divindade...". Todos sabemos, independentemente do que dizemos a nós mesmos, que existe um Criador,

> Todos sabemos que existe um Criador, de quem somos dependentes e a quem devemos prestar contas.

de quem somos dependentes por completo e a quem devemos prestar contas. Não podemos saber tudo sobre Deus com base na criação — seu amor e sua misericórdia, por exemplo —, mas podemos deduzir que quem criou isto aqui deve ser um ser de grandeza inimaginável. E nós fazemos essa dedução, mas depois suprimimos essa verdade.

Essa é uma das coisas que a contracultura ensina. Os cristãos, a quem o Espírito de Deus tem mostrado a verdade sobre o Criador, costumam ser acusados de serem reprimidos — de não serem autênticos ou não se abrirem para o mundo como ele de fato é. Mas Paulo diz que, naturalmente, todos somos reprimidos, enquanto sufocarmos a verdade de que existe um Deus criador. Pois, enquanto suprimirmos essa verdade, jamais compreenderemos quem somos ou por que o mundo é como é. O que reprime não é o reconhecimento do direito do Criador ser o governante; é a autossupressão de se viver negando essa verdade.

Todos adoram alguma coisa

Em seguida, Paulo diz: "... esses homens são indesculpáveis". Todo ser humano conhece a Deus, mas nenhum glorifica a Deus ou lhe dá graças (v. 21). Isso soa como se a ira de Deus viesse em resposta a nossos maus modos: esquecemo-nos de dizer "obrigado"! Mas Paulo sustenta que somos plagiadores. Pegamos o que Deus fez e damos a entender que é obra nossa. Não reconhecemos nossa dependência de quem nos criou, mas alegamos ser independentes. Preferimos a ilusão de que podemos dar as cartas e decidir o que é certo ou errado em vez da realidade do que nos fala a criação. Não somos gratos porque não aceitamos o que ele fez em nosso favor e à nossa volta.

O que acontece quando as pessoas se recusam a reconhecer Deus e dele depender como Deus? Não paramos de adorar. Apenas mudamos o objeto da nossa adoração. Paulo diz que as pessoas "... substituíram a glória do Deus incorruptível por imagens semelhantes ao homem corruptível, às aves, aos quadrúpedes e aos répteis" (v. 23). Vemos essa substituição de novo nos versículos 25, 26 e (de maneira implícita) 27. Em vez de adorarem o verdadeiro Deus, as pessoas "... adoraram e serviram à criatura em lugar do Criador..." (v. 25).

Temos de adorar *alguma coisa*. Fomos criados para adorar o Criador. Portanto, se o rejeitarmos, adoraremos alguma outra coisa. Somos criaturas "télicas" — pessoas com um propósito; temos de viver por alguma coisa. Tem de haver algo que prenda nossa imaginação e nossa lealdade, que seja o local de descanso de nossas esperanças mais profundas e para o qual nos voltemos de modo a aquietar nossos temores mais intensos. Seja o que for essa coisa, nós a adoramos, e por isso a servimos. Ela passa a ser o que dá de mais fundamental para nós, aquilo sem o que não conseguimos viver que define e valida tudo que fazemos.

Como Deus criou um mundo "... muito bom" (Gn 1.31), todas as coisas criadas são boas em si mesmas. Acertamos ao considerá-las admiráveis e desfrutarmos delas. O problema surge quando devotamos a qualquer coisa criada um afeto excessivo — o afeto supremo que só Deus merece e tem o direito de exigir. Paulo está dizendo que o coração humano ama converter algo bom em deus.

Essa substituição em nossa adoração e serviço destrói a ordem criada. Os humanos são feitos de forma única à imagem de Deus, para se relacionarem com ele no mundo dele e refletirem sua natureza e correção moral para o mundo (veja Gn 1.26-29). No versículo 1.23 de Romanos, a humanidade dá as costas para Deus e passa a se curvar às coisas criadas. Não adoramos o que é imortal; adoramos o que é feito. Em outras palavras, não adoramos o Criador; adoramos a criatura (v. 25).

> Não adoramos o que é imortal; adoramos o que é feito.

Do ponto de vista de Deus, esse é o comportamento dos "... loucos" (v. 22). Como isso aconteceu? Como Paulo diz em poucas palavras muito reveladoras no versículo 21, ao se recusarem a tratar Deus como Deus e viver na dependência dele e em gratidão a ele, "... tornaram-se fúteis nas suas especulações, e o seu coração insensato se obscureceu". A fim de suprimir a verdade de que existe um Criador, as pessoas se entregaram a saltos irracionais e a *NON SEQUITURS*. Uma vez que a verdade fundamental acerca de Deus está sendo reprimida e ignorada, a vida não pode ser vivida de maneira coerente.

Veja a moralidade, por exemplo. Se não existe um Deus com direito de dizer o que é certo e errado, como haveremos de encontrar absolutos morais? É muita arrogância afirmar: "Isso é errado porque eu digo que é". Mas, no fim, ninguém quer dizer: "Isso é errado porque a sociedade diz que é". Afinal de contas, a maior parte da sociedade norte-americana (e europeia) considerou que não era errada a escravidão trezentos anos atrás. Se a moralidade é definida pela maioria, a escravidão não era errada na época! Se não há um Deus, não há um lugar onde localizar a autoridade que estabeleça um absoluto moral. Mas ninguém vive como se não existisse certo e errado (podem dizer que sim, mas clamam por justiça quando eles ou um ente querido é "prejudicado").

Greg Bahnsen, filósofo e ministro cristão do século 20, formula isso de maneira brilhante em um debate (bem como em seu livro *Presuppositional apologetics stated and defended* [Apologética pressuposicionalista apresentada e defendida]):

> Imagine uma pessoa que entre aqui hoje à noite e argumente "o ar não existe", mas continue a respirar enquanto discute. Ora, intelectualmente, os ateus continuam a respirar — continuam a usar a razão e a tirar conclusões científicas [o que pressupõe um Universo ordenado], a fazer julgamentos morais [o que pressupõe valores absolutos] —, mas a visão ateísta das coisas, em teoria, deveria tornar impossível esse 'respirar'.

Estão respirando o ar de Deus o tempo todo em que argumentam contra ele.[1]

A ira de nos dar o que desejamos

Paulo construiu uma argumentação substancial a favor da justiça e do mérito da ira de Deus — prosseguirá com isso nos versículos 26 a 32. Todavia, no versículo 24, descobrimos *como* a ira de Deus é revelada no presente.

O juízo de Deus sobre a impiedade e a injustiça consiste em nos conceder o que desejamos. Ele "... os entregou [...] ao desejo ardente de seus corações...". As coisas que servimos não nos libertarão; antes, elas nos controlam. *Precisamos* tê-las. E como o nosso coração foi feito para estar centrado em Deus, que é o único provedor verdadeiro de satisfação e significado, ele não se satisfaz — sempre sentimos a necessidade de mais, ou de alguma outra coisa. A tragédia da humanidade é lutarmos pelo que poderíamos apenas receber e desfrutar e não conseguirmos encontrá-lo. Suprimimos a verdade que nos libertaria e satisfaria.

A palavra que a NIV traduz por "desejos pecaminosos", e a ESV por "desejo ardente" é *epithumia*. Literalmente, significa "desejo excessivo", um impulso, um anseio que toma conta de tudo. Isso é revelador. O principal problema do nosso coração não é tanto o desejo por coisas ruins, mas nosso desejo excessivo por coisas boas — o fato de convertermos coisas criadas e boas em deuses, objetos da nossa adoração e serviço.

E a pior coisa que pode nos acontecer é que nos seja concedido o que nosso coração deseja em excesso. Pegue um homem que adora sua profissão. Ele a serve como aquilo que fará dele "alguém". Ela o impulsiona e lhe domina a vida — tudo o mais

---

[1]Braselton: American Vision, 2010.

gira ao seu redor. A pior coisa que pode acontecer a esse homem é uma promoção! Ela lhe permite continuar a se achar capaz de encontrar bênção em seus desejos excessivos. Ela o convence de que essa é a "vida real". Capacita-o a esquecer das ruínas em que está transformando o casamento, a família, as amizades, a fim de buscar seu deus.

Oscar Wilde resumiu bem: "Quando os deuses querem nos punir, atendem às nossas orações". Essa é a ira de Deus: conceder-nos o que queremos demais, entregar-nos à busca das coisas que colocamos no lugar dele. A pior coisa que Deus pode fazer aos seres humanos no presente é permitir que atinjam seus objetivos idólatras. Seu juízo consiste em nos entregar ao poder destruidor da idolatria e do mal. O fato de pecarmos cria tensões e pressões na estrutura da ordem que Deus criou. Em vez de bênção, nosso pecado provoca rupturas em sentido espiritual, psicológico, social e físico.

> Deus nos permite entrar pela porta que escolhemos.

A grande tragédia é que escolhemos isso para nós mesmos. Deus nos permite entrar pela porta que escolhemos.

A liberdade da oração

Existe alguma rota de fuga, algum modo de voltar atrás? Teremos de esperar o capítulo 3 de Romanos para enxergar mais uma vez a joia deslumbrante do evangelho. Mas o versículo 25 nos fornece, sim, uma pista: "... o Criador [deveria ser] bendito para sempre. Amém". A rota de fuga é parar de suprimir a verdade e louvar a Deus como Deus — depender dele e aceitar seu direito de reinar sobre nós; desejá-lo mais do que desejamos qualquer coisa que ele criou.

Onde encontramos a motivação, a liberdade e o poder para isso? Só os encontramos no evangelho, onde descobrimos que, mesmo sendo naturalmente ímpios e injustos, em Cristo somos amados, aceitos e abençoados. Ao compreendermos o evangelho — ao aceitarmos que nosso Senhor é também nosso Salvador —, somos conduzidos a encontrar liberdade no louvor ao Criador. Como sabemos que compreendemos e recebemos o evangelho? Quando aquilo que mais almejamos na eternidade é louvá-lo para sempre.

Perguntas para reflexão

1. Você consegue ver que, antes de sua conversão, o que esses versículos afirmam estava acontecendo em sua vida? Vê fragmentos dessa atitude em sua vida agora?
2. Como a compreensão da incoerência causada pela supressão da verdade nos ajuda a falar aos descrentes sobre a fé cristã?
3. Como, e com que frequência, você dedicará seu tempo a simplesmente dar glória e graças a Deus esta semana por sua vida no mundo que ele criou?

SEGUNDA PARTE

Até o versículo 24, Paulo se concentrou na relação vertical da humanidade com nosso Criador. Sabemos da existência de Deus, do seu poder e divindade. Deveríamos glorificá-lo, vivendo em dependente gratidão. Em vez disso, suprimimos a verdade e adoramos as coisas criadas, convertendo boas coisas feitas por Deus em deuses que constituímos para nós mesmos.

Mas, desde Gênesis 3, está claro que, no mundo de Deus, subverter nossa relação com Deus causa um efeito sobre nossos relacionamentos uns com os outros e com a criação. Danificar nossa relação vertical danifica nossas relações horizontais. Deus criou um mundo onde viver debaixo do seu governo e desfrutar da sua bênção é a maneira pela qual nós, por nossa vez, governamos o mundo de modo a abençoá-lo (veja Gn 1.28). Quando adoramos um ídolo em vez de Deus, ele não é mais a única coisa de que necessitamos na vida; esse papel é desempenhado por outra coisa. Ela nos governa; e, em última análise, faremos qualquer coisa — por mais destrutiva que seja para nós ou para outros — a fim de tê-la, melhorá-la ou mantê-la.

É para os efeitos horizontais da substituição de Deus por um ídolo que Paulo agora se volta.

Paulo e a homossexualidade

O texto de Romanos 1.26,27 é uma das passagens mais controversas das Escrituras. É a passagem mais longa na Bíblia sobre homossexualidade.

Nos últimos tempos, muitos têm tentado sugerir que o entendimento tradicional desses versículos é equivocado; que eles se referem a pessoas que agem contra a *própria* natureza; ou apenas ao sexo homossexual promíscuo, e não a relacionamentos duradouros. Mas o sentido literal de "... relações [...] não naturais..." (v. 26,27, NIV) é "contrárias à natureza" — *para phusin*. Significa que a homossexualidade é uma violação da natureza criada que Deus nos deu. E não existe nada aqui a sugerir que Paulo só tenha alguns tipos de atos homossexuais em mente. Como cidadão romano culto e viajado, Paulo estaria muito familiarizado com relacionamentos amorosos estáveis e longos entre casais do mesmo sexo. Isso não o impede de identificá-los como contrários à intenção do Criador para a prosperidade humana.

Paulo está dizendo: "Eis uma maneira pela qual Deus, em sua ira, tem entregado os humanos a seus desejos excessivos, para experimentar as consequências" (assim deveria ser entendido o final do versículo 27 — a "... devida recompensa..."nada mais é do que colher os frutos da idolatria, um castigo não restrito à homossexualidade). A Bíblia é clara, tanto no Antigo Testamento quanto no Novo, que a prática homossexual como um padrão de comportamento estabelecido, não passível de arrependimento, revela uma atitude de rejeição do senhorio de Jesus, e deixa as pessoas fora do seu reino (veja 1Co 6.9,10), embora jamais fora do seu alcance (v. 11).

Duas observações precisam ser feitas aqui. A primeira delas é que, em Romanos 1, Paulo opta por salientar primeiramente todo sexo fora do casamento (v. 24) e, depois, mais especificamente, o sexo homossexual (v. 26,27) como desejos excessivos que resultam em Deus "entregando" alguém à ira e que são resultantes disso. É um fato inevitável: a Bíblia diz que a homossexualidade é pecado. Mas, em outros pontos de sua carta, Paulo menciona outros exemplos de comportamento idólatra. Assim, em Colossenses 3.5, ele identifica a "... avareza, *que é idolatria*" (grifo do autor). A avareza — ou seja, o desejo constante e o ímpeto destrutivo por mais — é indicativa de adoração a ídolos, tanto quanto a imoralidade sexual.

> A avareza é indicativa de adoração a ídolos, tanto quanto a imoralidade sexual.

E, então, em Gálatas 4.8,9, ele sustenta algo muito surpreendente. Dirigindo-se a cristãos que tinham sido PAGÃOS antes de passarem a confiar em Cristo, e que agora estão sendo tentados a adotar todas as leis religiosas judaicas como meio para serem salvos, ele declara: "... costumáveis servir aos que por natureza não são deuses [o que é indiscutível — tinham sido pagãos] [...] como podeis voltar para esses princípios elementares fracos e pobres, aos quais de novo quereis servir?".

O que Paulo quer dizer com isso? Ele está ensinando que buscar bênção e salvação por meio da moral bíblica é uma atitude tão idólatra — o estabelecimento de um governante e salvador diferente de Deus — quanto a avareza ou a homossexualidade. Adoraremos o que pensamos necessitar para nos satisfazer, para nos dar "vida". Se não adorarmos a Deus, adoraremos alguma outra coisa — a gratificação sexual, o aumento das nossas posses, o cumprimento de regras; e nenhuma dessas é mais (ou menos) séria do que as outras.

Portanto, a segunda observação necessária é que, embora a homossexualidade *seja* um pecado, ela é *um* pecado — não *o pior* pecado. Toda imoralidade sexual é pecaminosa (v. 24); Paulo ainda está prestes a relacionar outros pecados nos versículos 29 a 31, os quais denomina "injustiça" — atos que emanam de nossa rejeição da verdade acerca de Deus, prejudicam nossas relações horizontais e merecidamente trazem a ira de Deus (v. 18).

Isso quer dizer que há duas formas de interpretar mal — ou ignorar — a Palavra de Deus nesse ponto:

- Algumas igrejas, no esforço de se mostrarem relevantes para a cultura, e com o intuito de parecerem amorosas e receptivas aos homossexuais, têm minimizado ou negado o ensino claro das Escrituras sobre a homossexualidade, tais como os versículos 26 e 27. Poderíamos chamar isso de abordagem "liberal".
- Outras igrejas levam muito a sério o que a Bíblia diz sobre a homossexualidade, mas de um modo muito arrogante. Veem a homossexualidade como *o* pecado que interessa (ou, se não o fazem, falam e vivem como se assim fosse). Não buscam amar os *gays* ou recebê-los bem em absoluto. Talvez busquem amar e conviver bem com os vizinhos ou amigos hindus que cometem adultério, mas não com pessoas homossexuais. Poderíamos caracterizar isso como uma abordagem "conservadora".

Paulo não faz nem uma coisa, nem outra. Deixa claro que a homossexualidade é (literalmente) "desejo excessivo e desonroso" (v. 26). Mas, lembre-se, ele depois relaciona uma porção de outros pecados que falam muito mais de perto a vários de nós — inveja, calúnia, desobediência ou deslealdade (v. 29,31). E as pessoas que praticam tais coisas são as mesmas entre as quais ele deseja promover uma colheita do evangelho! Paulo não está dizendo: "Não interessa o que você faz; Deus não se importa, desde que você esteja feliz". Mas tampouco está dizendo: "O que você faz importa tanto, que não quero amá-lo ou testemunhar para você, porque você está fora do alcance do evangelho".

Como você sabe que, no fundo, se enquadra na segunda situação? Porque vê atos homossexuais como uma "perversão", mas não considera o engano ou a arrogância "condenáveis" (v. 28). Só captamos o sentido do evangelho quando entendemos, como Paulo, que *nós* somos os piores pecadores que conhecemos (1Tm 1.15) — e que, se Jesus veio morrer por nós, não há ninguém por quem ele não morreria. Isso nos liberta para lhe obedecermos amando nosso próximo; e para sermos capazes de aceitar a definição de próximo fornecida por Jesus como a pessoa que nossa cultura (eclesiástica ou secular) nos diz que está, ou deveria estar, fora do alcance de qualquer ajuda (Lc 10.25-37).

Enxergando-nos em Romanos 1

O trecho do versículo 28 ao 32 é perturbador porque, como já vimos, todos estamos inseridos nesse grupo, de um jeito ou de outro. Essa não é uma lista exaustiva dos resultados da idolatria — de se "... haver rejeitado o conhecimento de Deus..." (v. 28) —, mas é uma lista ampla. Temos aqui a desordem econômica ("cobiça", v. 29); a destruição da família ("desobedientes aos pais", v. 30); a destruição dos relacionamentos ("insensatos, indignos de confiança, sem afeto natural, sem misericórdia", v. 31). A isso os teólogos chamam de doutrina da depravação total: embora nem tudo o que fazemos seja sempre inteiramente pecaminoso, nada do que fazemos é completamente intocado pelo pecado.

O que Paulo quer dizer no início do versículo 32, ao afirmar que as pessoas sabem que são "... dignos de morte os que praticam tais coisas..."? É provável que se referisse à nossa consciência. Quase todo o mundo, em toda sociedade, entende que existe o certo e o errado. Podemos decidir que temos o direito de definir esses conceitos, mas concordamos com a categoria. Ou seja, sabemos que determinadas coisas merecem punição.

E, no entanto, diz Paulo, os seres humanos "... aprovam os que as praticam" (v. 32). Ele tem em mente pessoas que promovem e encorajam a idolatria. É mais fácil ver os outros agindo assim, e mais difícil enxergá-lo em nós mesmos. Mas vale a pena perguntar: "Será que encorajo meus filhos a transformarem em ídolos os resultados de provas? Até que ponto eu seria capaz de assentir com a cabeça, em sinal de simpatia, diante da inveja de alguém? Tenho permitido que a fofoca perdure ao meu redor sem ser incomodada?".

Três respostas certas

Como o povo de Deus deveria responder a esses versículos e à visão obscura da humanidade que eles nos transmitem? Primeiro, reconheceremos ter aqui um retrato que corresponde à realidade do mundo. Todos os sistemas de pensamento deveriam explicar tanto a grandiosidade do cosmo e a correção moral de que a humanidade é capaz quanto a ruína do mundo, das nossas sociedades, de nossa vida e de nossos relacionamentos. Por que existe tanta beleza; por que ela tem tantas imperfeições? A resposta de Paulo é simples: *Deus*. Existe um Deus que criou tudo e nos fez à sua imagem, para conhecermos e refletirmos seu caráter. E esse mesmo Deus, em ira, tem nos concedido o que escolhemos: vida sem ele; a adoração de coisas incapazes de satisfazer. Na beleza do mundo devemos ver a existência de Deus. Na ruína do mundo, a justiça de Deus. Ao fazê-lo, corremos de volta ao lugar onde vemos a misericórdia de Deus: a cruz.

Segundo, não balançaremos a cabeça nem reviraremos os olhos em sinal de arrogância por causa do modo como "eles" são. Paulo se referiu a "eles" ao longo desses versículos. Ele fala de uma sociedade gentia; e sabe que um judeu religioso e cheio de justiça própria ouvirá suas palavras e dirá: "Você tem toda razão, Paulo. Esses hereges merecem a ira de Deus. E fico feliz por você ter escolhido falar da homossexualidade — como judeu, esse é um pecado que considero particularmente repreensível. Fico feliz por não ser igual a eles".

A função desses versículos é acabar com qualquer orgulho e autojustiça que exista em nós; qualquer sentimento de satisfação do tipo: "Eles são perversos, e eu não sou igual a eles". Como veremos, Paulo, em seguida, se voltará para a confrontação desses homens religiosos e morais: "Portanto, quando julgas, és indesculpá-

> A função desses versículos é acabar com qualquer orgulho e autojustiça que exista em nós.

vel, ó homem, sejas quem for, pois te condenas naquilo em que julgas o outro..." (2.1). A justiça própria é sempre autocondenatória. E a justiça própria é a especialidade do moralista.

Em vez disso, e em terceiro lugar, devemos ler esses versículos à luz de 1.16,17, sabendo que não necessitamos temer a ira de Deus porque recebemos sua justiça. Isso nos confere tanto a humildade quanto a liberdade para perguntar: "Que ídolos poderiam estar, ou já estão, competindo com meu Criador por um lugar em meu coração e em minha vida?". Essa passagem nos compele a procurar situações em que somos invejosos, caluniadores, desleais, lascivos e assim por diante. Tais coisas são indícios de que adoramos um ídolo; de que alguma coisa que não Deus tornou-se nosso senhor funcional. E assim, precisamos perguntar: "Como seria depender do meu Criador nessa área? Como eu amaria e sentiria e viveria diferente, se louvasse meu Criador nesse ponto, em vez de servir a uma coisa criada?". Esse é o caminho para converter nossa *epithumia*, nossos desejos excessivos, em simples prazer; não servindo, como escravos, ao que Deus fez, mas apreciando tudo isso em louvor a Deus neste mundo.

Perguntas para reflexão

1. Em relação a quais "desejos excessivos" você mais luta consigo mesmo? Alguns dos pecados mencionados por Paulo nos versículos 26, 27 e 29 a 31 descrevem você?

2. O que você pode fazer para que a pecaminosidade do mundo não o conduza à autojustiça, mas, sim, à cruz de misericórdia?

3. Esses versículos extirparam, de alguma forma, a autojustiça presente em seu coração?

ROMANOS • CAPÍTULO 2 VERSÍCULOS 1-16

3. OS RELIGIOSOS NECESSITAM DO EVANGELHO (PRIMEIRA PARTE)

No capítulo 1, Paulo mostrou como o mundo gentio pagão rejeitou a Deus e foi entregue à impiedade e à injustiça que escolhera. A crítica do apóstolo ao mundo e ao estilo de vida pagãos receberia o apoio vigoroso de qualquer judeu que o ouvisse — mas ele se consideraria isento da condenação de Paulo, pois era um cumpridor da Lei.

Hoje, os religiosos ouviriam Romanos 1.18-32 exatamente assim. Diriam: "Sim, claro que a ira de Deus recai sobre o imoral, o pagão, aquele que leva uma vida de libertinagem. Nós, porém, temos a Palavra de Deus e vivemos de acordo com ela. Não estamos condenados". Pessoas religiosas darão a impressão de concordar com Paulo sobre Romanos 1.18-32... E estarão redondamente equivocadas.

Portanto, o versículo 1 chega como um balde de água fria para os religiosos. É um

> Romanos 2.1 chega como um balde de água fria para os religiosos.

golpe de mestre perfeito. Paulo se dirige às pessoas que estão sentadas, ouvindo sua exposição dos estilos de vida pagãos do capítulo 1, sentindo-se satisfeitas por não serem iguais a "eles".

Paulo anuncia: "Vocês fazem as mesmas coisas! Sempre que julgam uma pessoa não religiosa, julgam a si mesmos!". Acontece que o fim do capítulo 1 foi escrito para expor os ídolos das pessoas religiosas, tanto quanto os das não religiosas.

Julgando-se

Ninguém vive de verdade à altura dos próprios padrões: "... quando julgas, [...] praticas os mesmos atos" (v. 1). Como? Lembre-se de que a maior parte da lista de injustiças de Paulo, em 1.29,30, não diz respeito a nossos atos; em vez disso, o apóstolo se concentra em nossas atitudes. Precisamos olhar para o nosso coração antes de olhar para nossas mãos.

O ensino de Paulo está alinhado com o Sermão do Monte, no qual o Senhor diz: "Ouvistes o que foi dito aos antigos: Não matarás, e: Quem matar estará sujeito a julgamento. Eu, porém, vos digo que todo aquele que se irar contra seu irmão será passível de julgamento..." (Mt 5.21,22). Para a maioria de nós, não é difícil chegar ao fim do dia e constatar: "Bom, não matei ninguém". Mais raro é sermos capazes de dizer com sinceridade: "Não tive raiva de ninguém; não tratei ninguém como se não fosse digno de amor".

Por isso, o desafio que Paulo faz a "você" no versículo 1 é: "Ao ver alguém agindo com raiva — matando, por exemplo — o que você faz?". Claro, é certo ser alguém que "... julga todas as coisas" (1Co 2.15, NIV), no sentido de seguir o veredicto divino em relação ao que é certo ou errado — do contrário, tornamo-nos como as pessoas de Romanos 1.32, que "... aprovam os que [...] praticam..." o pecado. Mas julgar não é dizer apenas: "Isso é errado"; é acompanhar a palavra com uma atitude específica, basicamente dizendo: "Você está perdido, e fico contente porque agora posso me sentir melhor em relação a mim mesmo". Em outras palavras, "julgar" é acreditar que os outros são dignos do juízo de Deus, ao passo que você não.

O gravador invisível

É até bem possível que julgássemos alguém por uma atitude da qual nós mesmos sabemos que partilhamos. John Stott salienta que temos a tendência de ser muito mais rápidos e ásperos em nossa crítica aos outros do que a nós mesmos. Encontramos todos os tipos de desculpas para nosso pecado — estávamos cansados, ou fomos provocados, ou foi um mal menor — ao mesmo tempo que somos rápidos em notá-lo e condená-lo nos outros, sem nem considerar que fardos eles podem estar carregando. John Stott enuncia o problema assim:

> Atiçamo-nos até atingirmos um estado de indignação e justiça própria em relação ao comportamento vergonhoso do outro, ao passo que o mesmo comportamento não parece nem perto de ser tão sério quando é nosso, e não deles.[1]

Condenar os outros e perdoar-nos ao mesmo tempo é o que permite que nos apeguemos à nossa autojustiça *e* ao nosso pecado. Podemos nos sentir bem em relação a nós mesmos enquanto toleramos o que nos faz sentir bem. Ao mesmo tempo, ensina Paulo, "... te condenas...".

Em outras palavras, no dia final do juízo de Deus, quando eu me colocar diante dele, o advogado de acusação será... Eu mesmo. Porque "... o julgamento de Deus é de acordo com a verdade contra os que praticam tais atos" (v. 2). Deus é escrupulosamente justo em seu julgamento. E usará nossos próprios padrões, os julgamentos que fizemos com nossa boca, para nos julgar (como Jesus advertiu em Mt 7.1-5).

É o que Francis Schaeffer, teólogo do século 20, chamou de "gravador invisível". É como se, sem que ninguém perceba,

---

[1] *The message of Romans*, Bible Speaks Today (Downers Grove: IVP Academics, 2011), p. 82 [edição em português: *A mensagem de Romanos*, A Bíblia Fala Hoje (São Paulo: ABU, 2000)].

houvesse um gravador (na década atual, seria um gravador de MP3!) em volta do pescoço de cada um de nós. Ele registra tudo que dizemos para os outros e sobre eles, relacionado à maneira que deveriam viver. Então, no último dia, Deus, o juiz, tirará o gravador do pescoço de cada um de nós e dirá: "Serei absolutamente justo — apenas porei esta gravação para tocar e julgarei você com base no que suas próprias palavras dizem ser o padrão para o comportamento humano". Paulo indaga: "... pensas que escaparás do julgamento de Deus?" (Rm 2.3). Ninguém na história pode ser realista e responder: "Sim, penso que escaparei".

O "filho mais velho" de Paulo

Portanto, a religião cheia de autojustiça equivale a uma rejeição a Deus e à compreensão equivocada do seu caráter (v. 2.4), como a religião autocentrada do fim do capítulo 1. O ateu suprime a verdade sobre a existência e a natureza de Deus, e usa os dons divinos para ser indulgente com os próprios desejos, sem dar glória ou graças ao doador. Essa religião manifesta um desdém presunçoso pela bondade divina. É uma atitude que zomba da ideia da ira de Deus, não reconhecendo sua realidade presente, não percebendo que seu pleno e derradeiro advento só é retardado porque "O Senhor [...] é paciente convosco e não quer que ninguém pereça, mas que todos venham a se arrepender" (2Pe 3.9).

> Aquele que tem justiça própria reconhece a existência de Deus, mas não vê nenhuma necessidade dele.

Isso é exatamente o que Paulo diz no versículo 4; *mas ele está se dirigindo a pessoas religiosas*. Aquele que tem justiça própria reconhece a existência de Deus, mas não vê nenhuma necessidade dele. Está se saindo bem o suficiente sozinho. É seu próprio salvador. No fim, merece glória por si mesmo. É a atitude da pessoa que aceita a ira divina sobre os outros, mas se considera completamente isenta. Não vê necessidade nenhuma de ARREPENDIMENTO, nem faz ideia de que Deus está gentilmente retardando seu juízo a fim de *lhe* dar uma oportunidade de se voltar para ele em humildade e pedindo misericórdia. Isso também é desprezo presunçoso pela bondade divina.

Assim, Romanos 1 e 2 estão nos mostrando as mesmas duas pessoas citadas por Jesus na parábola sobre os dois filhos (Lc 15.11-32). Nela, Jesus nos apresenta um pai com dois filhos. Há um irmão mais novo, que ama o sexo com prostitutas e gasta todo o dinheiro do pai; é licencioso, materialista, desobediente ao pai. Mas há um segundo filho: obediente e dócil em relação a tudo que o pai fala. No entanto, a mensagem da parábola é que ambos estão perdidos, ambos estão alienados do pai e ambos necessitam de salvação. Ora, Paulo aqui diz exatamente o mesmo. O texto de Romanos 1 trata dos irmãos mais novos, e Paulo diz: "Eles estão perdidos, condenados, adorando ídolos feitos por mãos humanas — pecado, o tipo de pecado que todo o mundo considera pecado". Agora ele se volta para os irmãos mais velhos, em Romanos 2, e diz: "Vocês que se esforçam tanto para serem moralmente corretos, que pensam que Deus lhes deve alguma coisa porque vocês são melhores: estão perdidos também!".

Paulo afirma: "Vocês são iguais". Não se percebe nas traduções para a nossa língua, mas, no versículo 5, quando escreve "... tua teimosia e teu coração que não se arrepende...", Paulo está usando dois termos gregos — *sklerotes* e *ametanoetos* — que, na Septuaginta, o Antigo Testamento em grego, sempre que aparecem são utilizados apenas em referência aos culpados de idolatria (p. ex., Dt 9.27). Embora a obediência religiosa pareça piedosa, na verdade é uma forma de idolatria. A pessoa religiosa pode ter rejeitado por completo todos os ídolos reais e patentes que a sociedade ao nosso redor adora — estátuas, ou sexo casual, ou a carreira profissional e assim por diante —, mas têm ídolos no coração. Essas pessoas extraem sua autoestima da própria moralidade; encontram seu salvador no fato de cumprirem regras. Adoram a própria correção moral, porque ela as salvará, certo? *Errado*, sustenta Paulo: "... acumulas ira sobre ti no dia da ira [...] de Deus" (v. 5).

Pessoas religiosas necessitam do evangelho

Paulo está mostrando que pessoas religiosas necessitam do evangelho tanto quanto as não religiosas; e que as religiosas fogem do evangelho tanto quanto as não religiosas. O cerne do evangelho é que a justiça de Deus foi revelada, portanto pode ser recebida (1.16,17). Quando confiamos em qualquer coisa ou pessoa, que não Jesus, para nos dar justiça, recusamo-nos a aceitar o evangelho. Fiar-se nas regras divinas é autodependência e rejeição a Deus tanto quando ignorar-lhe as regras.

Qualquer pessoa moral que esteja satisfeita com seu estado espiritual está negando a DOUTRINA da justificação só pela fé. Pensa não precisar de que lhe seja concedida a justificação porque já tem a sua própria. Não sabe que precisa do evangelho, portanto não o procura! Haverá de se levantar com orgulho no último dia... Até Deus apertar a tecla "play" do gravador de MP3.

Como saber se *você* é o interlocutor de Paulo nesse trecho? A seguir há três maneiras de descobrir:

1. Você se sente um pecador inveterado, a quem Deus teria toda a razão de lançar fora neste instante, em virtude do estado da sua vida e do seu coração?
2. Quando considera como vivem as pessoas fora da sua igreja, você balança a cabeça e julga em seu coração, ou pensa: "Meu coração é por natureza igual ao deles; ele apenas se mostra de maneira diferente".

Romanos 2.1-16

3. No fundo, você pensa que não existe nenhum gravador de MP3 ou que é capaz de encarar o próprio julgamento quando a gravação começar a ser reproduzida? Ou você admite que seus próprios valores o condenarão e que precisa que o ponham numa posição de quitação, sem pendências, o que é correta, inalcançável por seus próprios esforços?

Perguntas para reflexão

1. Pense com cuidado sobre suas respostas às três perguntas acima e então fale com Deus sobre elas.
2. Quais são os pecados que você tenta justificar em si mesmo, mas condena nos outros?
3. Como você usaria esses versículos para falar a alguém que pensa que, por ser moralmente correto, está salvo?

SEGUNDA PARTE
Salvos pelas obras

Quando comparecermos à presença do Deus criador no último dia para seu julgamento e veredicto, qual será o teste geral pelo qual seremos julgados? A resposta de Paulo surpreende. Não é: "Seremos julgados por termos recebido ou não a justiça adquirida e concedida por Cristo". Em vez disso, ele declara: "Deus dará a cada pessoa de acordo com o que ela fez". O julgamento acontece com base nas OBRAS.

> Qual será o teste geral pelo qual seremos julgados? A resposta de Paulo surpreende.

Será que Paulo mudou de ideia desde Romanos 1.16,17, em que afirmou que nossa posição de quitação diante de Deus é fornecida por ele, recebida por nós pela fé e nunca merecida?

Ele agora ensina que devemos acrescentar obras à fé a fim de permanecermos de pé no dia do juízo? Será que Martinho Lutero — que chamou Romanos 1.16,17 de seus versículos de "ruptura", que lhe permitiram ver que era salvo pela graça, por meio da fé — deveria ter continuado a ler outros vinte versículos para descobrir que não vivera ruptura nenhuma?!

Primeiro, nosso reconhecimento a Paulo pela inteligência! Apenas vinte versículos antes ele dissera que somos salvos independentemente da lei, ou de qualquer coisa que possamos fazer. Deveríamos partir do pressuposto de que ele não está se contradizendo discreta ou acidentalmente.

Segundo, em 2.6, Paulo cita o salmo 62. Deus "... retribuirá a cada um segundo suas obras"— assim, quais foram as "obras" ou os "feitos" das pessoas nesse salmo? A resposta é luminosa. Davi, o autor, compara dois grupos de pessoas. Existem aquelas que conspiram contra o rei escolhido por Deus (v. 3,4); que mentem e que dizem uma coisa com os lábios e fazem o oposto no coração (v. 4). São como aquelas de quem Paulo está falando em Romanos 2.1-3.

O outro grupo encontra descanso apenas em Deus; sabe que "... dele vem a minha salvação" (Sl 62.1). São aqueles que dizem: "Minha salvação e minha glória estão em Deus; ele é meu forte rochedo e meu refúgio" (v. 7). Suas obras consistem em encontrar salvação em Deus e fazer dele seu centro. E é essa atitude a que Deus retribui para "... cada um de acordo com os seus feitos" (v. 12). Assim, em Romanos 2.6, Paulo pede tanto às pessoas irreligiosas quanto às religiosas que ponderem sobre suas "obras"— ou, pelo contrário, as obras que têm deixado de praticar. Nenhuma se arrependeu (v. 5), buscando refúgio da ira merecida de Deus em sua misericórdia imerecida. Ambas estão atrás de honra para si próprias.

A evidência, não a base

Em terceiro lugar, no entanto, Paulo *está* dizendo que as obras importam — não como base para a salvação, mas como prova de que alguém tem a fé que salva. No salmo 62, o que importa fundamentalmente é o relacionamento da pessoa com Deus como seu refúgio, sua rocha, sua salvação — e, como os versículos 9 e 10 do salmo sugerem, isso *será* visto no modo como essa pessoa percebe a própria vida e no que faz dela. As boas obras mostram que temos fé salvadora; não se somam à nossa fé para nos salvar.

Outra maneira de colocar isso é: as maçãs na macieira são prova de vida, mas não a propiciam. São evidência de que a macieira está viva, mas são as raízes que extraem os nutrientes para mantê-la assim. De igual modo, só a fé em Cristo propicia nova vida (ele dá sua justiça, a justiça de Deus, a qualquer um que crê); mas uma vida de justiça transformada é a prova de que temos fé real.

Não devemos interpretar Paulo equivocadamente, como se ele dissesse que as obras precisam ser acrescentadas à fé a fim de que consigamos permanecer firmes no dia do juízo. Todavia, de igual modo, não devemos permitir que nosso entendimento da salvação pela graça diminua o desafio aqui. Se as obras das nossas mãos não estiverem sendo mudadas e formatadas pela fé que professamos ter, é certo perguntar se nossa fé é sincera e real.

Como sabemos?

Quais são os indicativos de que um coração está ou não quite com Deus? O versículo 7 nos oferece dois testes:

1. "... perseverando em fazer o bem" quer dizer que fazer o bem — viver de modo piedoso — tornou-se um padrão de vida persistente.

2. "... procuram glória, honra e imortalidade" refere-se a qualidades provenientes da vida com Deus e que são encontradas nela. Aquele que está quite com Deus não pratica boas obras em benefício próprio. Ele age assim porque quer se tornar como Deus em seu caráter. Somos feitos de modo a desfrutar dessas três coisas; glória, honra e imortalidade são coisas boas a se buscar. O problema não está nos objetivos, mas em nossos meios. Nós as buscamos nas coisas criadas, não no Criador. Necessitamos buscá-las onde elas podem ser encontradas — em Deus — e ser refeitos à sua imagem. Deus dará "vida eterna" àqueles que o buscarem no conhecimento acerca dele.

O versículo 8, então, nos fornece dois indicadores de que uma pessoa não está quite com Deus:

1. O egoísmo é o sinal delator. Significa ter um espírito de teimosia na busca da satisfação própria, ou de autoglorificação — de procurar ser o próprio Senhor e/ou Salvador. Pode-se perseguir esse propósito tanto sendo irreligioso e licencioso, quanto sendo moral, religioso e correto.
2. "... obedecem ao pecado em vez de obedecer à verdade" quer dizer que existe uma indisposição para ser instruído e aprender da verdade de Deus. Existe uma falta de educabilidade, uma recusa em submeter o próprio coração e as próprias convicções à verdade exterior. Pessoas irreligiosas fazem isso de maneira muito evidente, porém as religiosas também o fazem! Se quisermos pensar em nós mesmos como justos pela obediência da lei, estamos dispostos a ouvir os mandamentos de Deus sobre como devemos viver, mas ignoramos sua Palavra quando ela nos diz que devemos guardá-la com perfeição, e que não o fazemos, e que necessitamos que nos deem a justificação que não podemos fazer por merecer. Se pensamos que somos capazes de nos

salvar, rejeitamos a verdade tanto quanto se achássemos que não precisamos ser salvos em absoluto.

Os versículos 9 e 10 repetem, em seguida, o ensino dos versículos 7 e 8, mas com uma diferença. Duas vezes Paulo diz: "... primeiro para o judeu, depois para o grego...". Ou seja, "... em Deus não há parcialidade" (v. 11). O juízo é imparcial. Não importa quem somos, mas o que fazemos: não nossa origem familiar ou formação cultural — judeu, cristão, frequentador da igreja, inteiramente apartados da Bíblia e assim por diante —, mas como decidimos nos relacionar com Deus.

Juízo pleno, justiça plena

Há outro aspecto no fato de Deus não mostrar favoritismo, do qual Paulo trata nos versículos 12 a 15. Em certo sentido, há duas advertências aqui. Primeiro, aqueles que conhecem o que Deus ordena, e não o obedecem, "... pela lei serão julgados" (v. 12). É perigoso ouvir a lei de Deus! Afinal de contas, "... não são justos os que somente ouvem a lei, mas os que a praticam; estes serão justificados" (v. 13).

Provavelmente seja melhor ler isso como uma situação hipotética, como faz John Stott. Para todos os efeitos, Paulo está dizendo: "Não pense que conhecer a lei de Deus serve de alguma coisa; o único caminho para a justiça por meio da lei é obedecê-la [...] e você vai mesmo afirmar que sempre obedece a toda a lei de Deus em todos os sentidos?".

Em seguida, Paulo introduz uma categoria de gentios que desconhecem a lei dos judeus e, no entanto, lhe obedecem. Quem são eles? Primeiro, poderiam ser gentios que obedecem à lei sem ter ouvido falar de Cristo, e, portanto, são salvos fora da fé em Cristo. Isso não pode estar certo, uma vez que o ensino coerente de todo o Novo Testamento, e todo o ímpeto do argumento de Paulo nesses capítulos, é que "... não há salvação em nenhum outro [a não ser Jesus Cristo], pois debaixo do céu não há outro nome entre os homens pelo qual devamos ser salvos" (At 4.12, veja 4.10).

Segundo, poderiam ser gentios que se tornaram cristãos e, portanto, obedecem à lei escrita em seus corações, embora não a possuam externamente. Isso pode estar certo, mas seria estranho que Paulo, discorrendo aqui sobre o fato de todas as categorias de seres humanos merecerem julgamento, de repente falasse naqueles que são salvos; e é difícil imaginar que aos gentios cristãos não tivesse sido ensinada a Lei — o Antigo Testamento — externamente na igreja deles, bem como que a tivessem escrita em seus corações internamente pelo Espírito.

Assim, a terceira opção é a melhor — que Paulo estivesse respondendo à objeção: "Como as pessoas podem ser julgadas segundo um padrão que desconhecem? Como pode o julgamento ser justo, se aqueles que desconhecem a lei de Deus '... sem lei também perecerão...' (v. 12)?". A resposta de Paulo aqui é que a lei de Deus é inata nas pessoas — pois às vezes alguns gentios "... praticam as coisas da lei [...], embora não tenham lei..." (v. 14). Todas as pessoas conhecem os princípios essenciais de comportamento correto e errado e sua base em uma realidade objetiva, um padrão pelo qual haveremos de ser julgados.

C. S. Lewis explica:

> Todo mundo já ouviu alguém [...] dizer coisas como: "Você gostaria se alguém lhe fizesse a mesma coisa?"; "Dê-me um pedaço da sua laranja, eu lhe dei um pedaço da minha" [...] [O homem que diz isso] está apelando para um padrão de comportamento de que espera que os outros tenham conhecimento.[2]

---

[2] *Mere Christianity* (London: MacMillan, 1969), p. 17 [edição em português: *Cristianismo puro e simples* (São Paulo: WMF Martins Fontes, 2009)].

Ou seja, quando alguém que não sabe nada sobre Deus faz o que Deus quer, por saber que é a "coisa certa" a se fazer, demonstra "... que o que a lei exige está escrito no coração deles, tendo ainda o testemunho da sua consciência e dos seus pensamentos..." (v. 15). Todos temos um senso interno de que há certo e errado.

Claro, nossa consciência não é o que deveria ser. "Suprimimos a verdade" acerca de Deus e de seus padrões, de modo a podermos adorar outras coisas e viver em função delas. E mais, nem sempre seguimos nossa consciência. Assim, às vezes descobrimos nossos pensamentos nos "acusando", bem como nos "defendendo" — todo mundo faz coisas que sabe serem erradas. Paulo diz que Deus está certo em julgar quem conhece a lei, mas não a cumpre; e também adverte que Deus julgará com justiça aqueles que não conhecem a lei externamente — porque a conhecem internamente, embora não a cumpram.

> Todos temos um senso interno de que há certo e errado.

Sem ira, sem cruz

Esses versículos são compactos e complexos! Aonde Paulo quer chegar?! Esse julgamento "... acontecerá no dia em que Deus julgar..." (v. 16); e será justo, levando em consideração "... os pensamentos secretos dos homens..." — conforme o coração de cada um deles. Naquele dia, o "tu" do versículo 1 não mais será capaz de esconder seus ídolos do coração debaixo da observância religiosa. Ao contrário, ninguém que tenha recebido humildemente a justiça que Deus ofereceu passará despercebido e sem ser salvo.

Por que Paulo acrescenta "... segundo o meu evangelho"? Porque o justo juízo de Deus é fundamental para a declaração que o apóstolo faz acerca do Filho de Deus. Sem julgamento, a salvação não faz nenhum sentido. Sem a realidade da ira presente e futura de Deus, a cruz se esvazia de sua glória. A preocupação de Paulo é mostrar que o solo sobre o qual pisamos, gentios e judeus, irreligiosos e religiosos, gente que infringe regras e gente que cumpre as regras, é plano. Todos enfrentam o juízo e todos merecem a ira. Só a partir desse terreno comum conseguimos olhar para a cruz e enxergá-la com clareza. Não conseguimos apreciar quem Cristo é, a menos que primeiro reconheçamos quem somos. Como Charles Simeon, o grande pregador dos séculos 18 e 19, declarou:

> Não conseguimos apreciar quem Cristo é, a menos que primeiro reconheçamos quem somos.

> Há apenas dois objetos que desejei [...] contemplar na vida; um é minha própria vilania; o outro, a glória de Deus na face de Jesus Cristo; e sempre achei que ambos deveriam ser vistos juntos.[3]

Perguntas para reflexão

1. Em sua opinião, que diferença faz realmente na vida de uma pessoa encontrar descanso, esperança e honra em Deus?
2. Como os indicadores das páginas 53 e 54 encorajam e/ou desafiam você?
3. De que modo sua consciência o defende hoje? De que modo ela o acusa?

---

[3] Carus, *Memoirs of the life of the rev. Charles Simeon*, citado em John Piper, *The roots of endurance* (Wheaton: Crossway, 2002), p. 108 [edição em português: *Raízes da perseverança* (Rio de Janeiro: Tempo de Colheita, 2010)].

ROMANOS ▪ CAPÍTULO 2 VERSÍCULOS 17-29

4. OS RELIGIOSOS NECESSITAM DO EVANGELHO (SEGUNDA PARTE)

O versículo 17 nos lembra para quem Paulo está falando ao longo de todo esse capítulo — os judeus religiosos, crentes na Bíblia, que leram o fim do capítulo 1 e pensaram: "Não sou como essas pessoas".

Por isso, o "se" do versículo 17 é incendiário. Imagine um bom judeu lendo isso. "*Se* me chamo judeu? Como é possível você dizer uma coisa dessas, Paulo? Eu *sou* judeu." Sentimos a força do versículo com a simples inserção de "cristão" no lugar de "judeu". Paulo se volta para os membros da igreja, cristãos professos, e diz: "Não presumam simplesmente que vai tudo muito bem com vocês. Se vocês se chamam cristãos...".

Orgulho de ser judeu

No restante do capítulo 2, Paulo descreve a pessoa a quem se dirige como alguém decente em termos morais (que leva a lei a sério — v. 17-24) e ativa em sua religiosidade (tendo sido CIRCUNCIDADA — v. 25-29). Esses eram os dois fatores em que os judeus depositavam toda confiança. Algumas pessoas são religiosas, mas não meticulosamente morais; outras são escrupulosamente morais, mas não ativas em sua religiosidade.

Os judeus eram as duas coisas. E nenhuma delas os tornava justos.

Primeiro, Paulo relaciona seis coisas de que os judeus se orgulhavam, quando se tratava do modo como viviam — sua correção moral:

1. "... tu te chamas judeu..." (v. 17). Sentiam orgulho da própria nacionalidade, tinham prazer em ser judeus.
2. "... te apoias na lei..." (v. 17). Um orgulho em ter e conhecer a lei que Deus revelara ao ancestral deles, Moisés, no monte Sinai (veja Êx 19—31).
3. "... e te glorias em Deus" (v. 17). Deus escolhera Israel para ser seu povo (veja Êx 19.4-6).
4. "e conheces a vontade dele [Deus], aprovas as coisas excelentes..." (v. 18). Eram capazes de tomar decisões ÉTICAS corretas e de enxergar as escolhas erradas que outros estavam fazendo. Seguir as regras e regulamentos da lei de Deus lhes conferia a sensação de serem agradáveis a Deus, ainda mais quando se comparavam com outros povos.
5. "... sendo instruído na lei" (v. 18). Não apenas "tinham" a lei, como detinham o pleno domínio dela. Eram capazes de citá-la, de reportar-se a ela por referências cruzadas, de aprofundar-se em seus detalhes.
6. "... e estás convencido de que és guia dos cegos..." (v. 19). Sabem que são capazes de ver — o que outros não podem, por estarem perdidos na idolatria —, por isso difundem o conhecimento da lei.

Paulo não está dizendo que há algo errado em ser judeu; em ter, conhecer e internalizar a lei de Deus; em usar seus mandamentos para tomar decisões éticas; ou em buscar compartilhar seus caminhos com outros. O problema é que "... te apoias [...] te glorias..." (v. 17). O erro não está no judaísmo, ou no fato de terem a lei (muito menos de guardá-la), mas na atitude deles para com sua nacionalidade e sua moralidade. Depositam confiança nessas coisas; transformam o que é moral (coisas boas) em um sistema de salvação. O conteúdo da lei é bom, mas usá-la como caminho para a vida eterna só leva à morte. Não há grande diferença entre as palavras "moralidade" e "moralismo", mas existe um mundo eterno de diferença entre fazer de uma coisa boa (moralidade) o seu deus (moralismo).

> Usar a lei como caminho para a vida eterna só leva à morte.

O moralismo é extremamente comum, e sempre foi assim. É a maior religião no mundo atual. É a religião das pessoas que se comparam a outras, que notam que são "muito mais decentes que os outros" e concluem: "Se existe um Deus, é certo que ele me aceitará. Sou uma pessoa correta".

Como sabemos se escorregamos para o moralismo "cristão" como fonte da nossa justiça? Sempre que nos vangloriamos de algo que fizemos — quando confiamos em nossos atos, nossa profissão ou nossa identidade — estamos vivendo como moralistas FUNCIONAIS.

É esclarecedor inserir "cristão" no lugar de "judeu" e parafrasear os versículos 17 a 20: "Tu te chamas cristão nascido de novo e tens certeza de que estás quite com Deus porque assinaste um cartão de compromisso, ou foste até a frente, ou fizeste uma oração, e choraste de verdade naquela noite. Tu te lembraste que tinhas fortes sentimentos por Deus, de modo que deves ter te convertido naquela noite. E desde então memorizaste dezenas de versículos das Escrituras, e sabes a resposta certa para uma grande quantidade de perguntas. E tens levado outras pessoas a assumirem um compromisso com Cristo no estudo bíblico que diriges. E desejas te aprofundar de verdade na Bíblia — por isso estás lendo *Romanos para você*!".

Romanos 2.17-29

Pratique o que prega

Paulo desmontou seus leitores com dois arremessos seguidos. Agora ele atira uma bola em curva. Versículo 21: "Tu, pois, que ensinas os outros, não ensinas a ti mesmo?...". D. Martyn Lloyd-Jones, grande pregador britânico do século 20, mostra como isso se aplica a nós, como cristãos professos:

> Ao ler sua Bíblia dia após dia, você aplica a verdade em sua vida? Qual é sua motivação ao ler a Bíblia? É só para obter conhecimento sobre ela, de modo a poder mostrar aos outros o quanto você sabe e argumentar com eles, ou você está aplicando a verdade a sua própria vida? [...] Durante a leitura [...] você pensa: "Este sou eu! O que ela está falando a meu respeito?". Deixe as Escrituras o sondarem, do contrário podem ser muito perigosas. De certa forma, quanto mais conhecimento você adquire [da Bíblia], mais perigoso ele é, se você não aplicá-lo à própria vida.[1]

Quanto mais avançamos na vida cristã, e quanto mais envolvidos estamos na vida da nossa igreja, mais necessitamos prestar atenção a essas palavras. Estamos pregando para nós mesmos antes de pregarmos para outros? Estamos praticando o que incentivamos os outros a praticarem?

A idolatria da religião

Paulo relaciona três maneiras pelas quais o autoconfiante judeu moral com quem fala não está praticando o que ensina. Ele furta (v. 21); comete adultério; odeia a idolatria, mas rouba os templos (v. 22).

---

[1] *Romans: exposition of chapters 2:1—3:20 the righteous judgment of God*, Roman Series (Grand Rapids: Zondervan, 1989), p. 147-9 [edição em português: *Romanos: exposição sobre capítulos 2:1—3:20: o justo juízo de Deus* (São Paulo: PES, 1999)].

O moralismo falha porque somos todos incoerentes em nosso comportamento. Temos a lei, mas ninguém a cumpre. Nós a infringimos de dois modos. Primeiro, há a hipocrisia inteiramente ocasional. Pode ser algo escandaloso (o pastor que tem um caso ou o presbítero que comete fraude no trabalho) ou rotineiro (roubar tempo extra no intervalo de almoço, "esquecer" de incluir certos itens em um formulário do fisco).

Segundo, existem os pecados contínuos do coração e das motivações. É a isso que Paulo provavelmente se refere em seu terceiro ataque: "... Tu, que abominas os ídolos, rouba-lhes os templos?" (v. 22). É possível que alguns judeus, embora não adorassem ídolos, fossem capazes de tirá-los dos templos para vendê-los. Fazendo uma analogia, seria como escrever artigos para uma revista pornográfica que você mesmo não leria nem gostaria que seus filhos lessem. Mas não existe nenhuma prova de que os judeus que se professavam religiosos e guardavam a lei fizessem de fato isso.

Nesse caso, uma explicação mais provável é que a expressão "... rouba-lhes os templos..." seja figurativa. Paulo está optando por uma abordagem radical dos Dez Mandamentos, como Jesus fez (veja Mt 5.21-48). Na ocasião, Jesus ampliou a definição de adultério, passando do puramente externo ("Não dormi com ninguém que não fosse meu cônjuge hoje. Isso é a observância do oitavo mandamento") para incluir motivações do coração: "... todo aquele que olhar com desejo para uma mulher já cometeu adultério com ela no coração" (v. 28).

Paulo lança mão do mesmo princípio aqui. A religião verdadeira diz respeito tanto às motivações do coração quanto (ou mais do que) aos atos do corpo. Ele está dizendo: "A adoração a ídolos é mais do

> A religião verdadeira diz respeito tanto às motivações do coração quanto aos atos do corpo.

que um ato físico. Você rejeita se curvar diante de uma estátua, mas na verdade adora o mesmo ídolo que está debaixo da superfície dessa estátua. Se você permite que qualquer coisa se torne seu significado na vida — poder, conforto, aprovação, bens, prazer, controle —, viola o mandamento contra a idolatria tanto quanto os adoradores da estátua que você abomina. Se você trata a religião como seu salvador, então está violando o mandamento também — tirou uma estátua de um templo pagão, deu-lhe o nome de "moralidade" e a adorou. Em outras palavras, é bastante possível usarmos a religiosidade para encobrir nossos ídolos do coração, como a profissão, o sexo, a reputação e assim por diante; ou fazer da religiosidade em si o nosso ídolo.

Diagnosticando a fé vazia

Como podemos saber se nossa "fé" está vazia, morta e sob o juízo de Deus? Esses versículos nos impõem alguns autodiagnósticos com potencial para nos incomodar. São dois os tipos de sinais que Paulo nos dá aqui:

1. *Existe uma postura exclusivamente teórica em relação à Palavra de Deus (v. 21).* O moralista ou cristão ortodoxo morto ama os conceitos de verdade, mas nunca é transformado por eles. Costuma enxergar como um sermão ou texto bíblico deveria convencer os outros, mas raras vezes (se é que chega a acontecer algum dia) ele permite que *o* convença. O cristão verdadeiro considera a Bíblia "... viva e eficaz..." (Hb 4.12); quando a ouve ou lê, é convencido ou confortado, fica emocionado, incomodado ou comovido, é derrubado ou erguido. Paulo nos incentiva a perguntar: "Qual deles sou eu? Ensino a mim mesmo?".

2. *Existe uma superioridade moral, uma vanglória embutida.* Se você confia em suas conquistas espirituais, terá de "olhar de cima para baixo" para aqueles que fracassaram nas mesmas áreas. Na melhor das hipóteses, você se manterá frio e, na pior, condenatório em relação àqueles que estão em luta. Em vez de proferir palavras de encorajamento para quem luta, ajudando essa pessoa a se levantar, você profere palavras de calúnia sobre ela para os outros, a fim de se mostrar sob uma luz comparativamente boa. Um sinal dessa condição é o fato de as pessoas não quererem compartilhar seus problemas com você, e você ficar muito na defensiva se os outros chamam sua atenção para os problemas que você tem.

Perguntas para reflexão

1. Em que você está confiando para lhe dar aceitação, confiança e propósito na vida?
2. Como você pratica o que prega? Existem áreas da sua vida em que você está deixando de fazê-lo? De que maneira pretende mudar isso?
3. Como você se sai nos testes de autodiagnóstico acima?

SEGUNDA PARTE

Por que o moralismo causa blasfêmia

A debilidade fatal do moralismo é que ele não pode proteger ou impedir o coração de pecar; tudo que consegue fazer é procurar esconder esse pecado. A religiosidade não tem resposta nem poder para eliminar o egoísmo, a luxúria, a inveja, a ira, o orgulho e a ansiedade.

O resultado devastador do moralismo cristão é que ele desonra a Deus (v. 23). Quando pessoas religiosas se vangloriam do fato de guardarem a lei, ao mesmo tempo em que a infringem, via de regra as únicas incapazes de ver o que estão fazendo são elas próprias. Por isso Paulo escreveu: "... por vossa causa o nome de Deus é BLASFEMADO entre as nações..." (v. 24). Esse é um princípio condenatório. Uma vida de legalismo religioso é sempre repulsiva para quem está de fora da fé. O moralista se mostra presunçoso (é moralmente correto); supersensível (sua correção moral é sua justiça, portanto não deve ser minada); crítico (precisa encontrar outros piores do que ele a fim de ser correto); e ansioso (será que ele fez o bastante?).

Pior, pessoas irreligiosas olham para o Deus que os moralistas afirmam representar e não gostam dele. Por isso Paulo argumenta com os judeus: "Vocês foram chamados para ser luz para o mundo, consideram-se aqueles que trazem luz para quem se encontra na escuridão; no entanto, o mundo acha sua religião completamente repulsiva. Será que vocês não veem que, por essa razão, devem ter entendido tudo errado?". Precisamos nos propor o mesmo desafio: a comunidade da nossa igreja é atraente? E nós, como indivíduos? Nossa humildade, nosso amor nas situações difíceis, nossa graça debaixo de pressão, e assim por diante, são evidentes para as pessoas? Nossa vida é como um cartaz publicitário que atrai as pessoas a Deus ou é como uma placa de "mantenha distância"? Só o evangelho produz igrejas e pessoas que recomendam Deus ao mundo. O moralismo não pode fazer isso.

> Só o evangelho produz igrejas e pessoas que recomendam Deus ao mundo.

Ortodoxia morta

No versículo 25, Paulo introduz a circuncisão em seu argumento. Ela foi a grande marca cultural da aliança de Deus com seu povo. Por essa cerimônia, o homem judeu era introduzido na comunidade da aliança. Mas a circuncisão se tornara parte do orgulho judeu, o motivo da suposição cheia de justiça própria, de que a identidade cultural deles conferia justiça. O "relacionamento" do judeu com Deus passara a ser baseado no orgulho, não em alegria humilde.

Isso ainda é comum hoje, de duas maneiras. Primeira: muita gente se identifica com uma religião baseada na própria nacionalidade. Por serem britânicos, são anglicanos; por serem italianos, são católicos; por serem gregos, são ortodoxos. Sentem que a religião faz parte da nacionalidade em que estão inseridos e se orgulham dela. Se lhes dissermos que estão perdidos, a menos que haja algo mais do que aquilo em que acreditam, eles acham que estamos insultando sua cultura e seu país.

Mas, além disso, é bem possível que alguém deposite fé no fato de ser membro de uma igreja, de pertencer ao povo visível de Deus, para obter salvação. De novo, é esclarecedor inserir outros termos no lugar de "circuncisão" e parafrasear as palavras de Paulo nos versículos 25 a 29. "E daí que você foi batizado? E daí que você é membro de uma igreja? Isso só vale de alguma coisa se aconteceu uma transformação de verdade em sua vida, se seu coração foi afetado de fato. Você não sabe que não é cristão se o for só por fora, que o verdadeiro cristianismo não diz respeito à confiança em coisas exteriores? Não; cristão é aquele que é cristão por dentro; o que importa é o batismo interior, tornar-se membro de coração do povo de Deus. E essa é uma obra sobrenatural, não humana".

É possível confiar no cristianismo em vez de confiar em Cristo. E isso pode acontecer em igrejas conservadoras, evangélicas. Paulo está nos mostrando uma condição denominada "ORTODOXIA morta", quando se adota com precisão as doutrinas básicas da Bíblia, mas, no entanto, elas não provocam nenhuma diferença interior. Existe um entendimento intelectual do evangelho, mas nenhuma revolução interna. Essa forma de "cristianismo" é de fora para fora (jamais penetra o coração),

Romanos 2.17-29

em vez da verdadeira fé no evangelho, que é de dentro para fora (tudo que fazemos flui de quem somos por dentro).

> A ortodoxia morta converte a igreja em amortecedor para os inseguros.

A ortodoxia morta converte a igreja em amortecedor para pessoas que se acreditam cristãs, mas na verdade são radical e subconscientemente inseguras quanto a serem aceitas por Deus. Assim, a cada domingo, elas se reúnem para que se lhes assegurem que vai tudo bem. Várias igrejas oferecem essa tranquilização de diferentes modos:

- Igrejas legalistas produzem códigos minuciosos de conduta e detalhes de doutrina. Os membros precisam ouvir sem parar que são mais santos e infalíveis, e que os "LIBERAIS" estão errados. Em termos funcionais, dependem de sua correção teológica. Sã doutrina é igual a justiça.
- Igrejas de poder dão grande ênfase aos milagres e às obras miraculosas de Deus. Os membros necessitam o tempo todo viver experiências poderosas ou emocionais e ver acontecimentos dramáticos. Confiam em seus sentimentos e nas respostas dramáticas à oração. Grande emoção é igual a justiça.
- Igrejas sacerdotais dão grande ênfase aos rituais e à tradição. Pessoas varridas pela culpa são anestesiadas pela beleza da música e da arquitetura e pelo esplendor e o mistério da cerimônia. Seguir uma LITURGIA é igual a justiça.

Claro que a precisão teológica, a consciência moral, a oração com fé, ser poderosamente afetado pelas verdades do evangelho e a bela adoração são todas coisas boas! Mas cada um desses elementos é empregado com excessiva facilidade e regularidade, como um tipo de "obra morta" — substitutos para a confiança na justiça revelada por Deus em Cristo, e recebida por nós em Cristo. Richard Lovelace diz:

> Grande parte do que interpretamos como deficiência de santificação [falta de maturidade e estabilidade cristãs] no povo da igreja é na verdade o resultado de sua perda de postura em relação à justificação [a base na qual somos aceitáveis para Deus].[2]

Nunca é demais enfatizar a importância desse princípio. Repetindo, ele nos incentiva à autorreflexão. Junto com uma abordagem exclusivamente teórica da Palavra de Deus e um senso de superioridade moral (via de regra inconsciente), a marca registrada da ortodoxia morta é a total falta de "vida interior". Mas o que importa não é ter em si o sinal (seja ele circuncisão, batismo, cartão de membro da igreja e assim por diante), mas ter a realidade que o sinal representa. Com efeito, Paulo diz nos versículos 25 a 27 que é melhor ser um crente não batizado do que um descrente batizado (e que as duas coisas são possíveis). O que importa não é ser um "... judeu [...] exteriormente...", circunciso fisicamente (v. 28), mas receber uma "... circuncisão [...] do coração, realizada pelo Espírito..." (v. 29).

Que imagem vívida! Um coração circunciso está espiritualmente derretido e suavizado. Significa ter uma vida de oração ativa — não por um senso de obrigação ou dever, mas por amor, porque existe uma noção da presença, da proximidade e da bondade de Deus (isso não é o mesmo que dizer que os cristãos sempre têm grandes momentos a sós com Deus!). Essa é uma coisa que o moralista não tem. Ele pode ter "emoções" quando se deixa levar pela liturgia, ou pelo entusiasmo, ou pela

---

[2]*Dynamics of spiritual life* (Downers Grove: IVP, 1979), p. 211 [edição em português: *Teologia da vida cristã: as dinâmicas da renovação espiritual* (São Paulo: Shedd, 2004)].

pregação em um culto comunitário, mas é radicalmente inseguro de que Deus o ama, de modo que nele persiste, da noite de domingo até a manhã do domingo seguinte, uma sensação de apatia, vazio e insegurança.

Cristãos foram circuncidados

Nenhum de nós quer descobrir no último dia que, na verdade, somos moralistas, ortodoxos em teologia e adoração, mas estamos mortos espiritualmente. No entanto, a circuncisão, a transformação, o pertencimento de que necessitamos são "... do coração [...] não pela letra..."; e realizados "... pelo Espírito...", não pelos homens (v. 29). Isso é algo que não pode ser feito por fora, e que não posso fazer por mim mesmo.

Onde está a esperança? Naquilo de que a circuncisão foi um sinal. Vale a pena questionar: "Por que a circuncisão?". Quando Deus deu a ABRAÃO um sinal exterior da realidade interior do relacionamento pessoal e íntimo que ele mantinha com seu criador, por que ordenou: "Vocês deverão ser circuncidados" (Gn 17.9-14)? Qual é a simbologia da circuncisão?

Ela era um sinal visual da penalidade por se quebrar a ALIANÇA. Na antiguidade, não se assinava o nome para fechar um negócio. Encenava-se a maldição que ambos os lados aceitariam caso quebrassem a aliança. Assim, acontecia de um homem pegar um pouco de areia e derramar em cima da própria cabeça dizendo "Se eu quebrar as promessas que fiz neste dia, que me torne como esta areia"; ou de partir um animal ao meio e caminhar entre os pedaços dizendo: "Se eu desobedecer esta aliança, que eu morra como aconteceu a este animal (foi o que Deus fez ao selar sua aliança com Abraão — Gn 15.9-21).

A circuncisão (não pense demais na cena!) é um corte feito de um modo muito íntimo, pessoal, delicado. Ou seja, o que Deus estava dizendo a Abraão era: "Se quiser manter um relacionamento comigo, você precisa ser circuncidado como um sinal para você e para todo o mundo de que, se quebrar a aliança, você será extirpado por completo. Extirpado da convivência com os outros, extirpado da vida, extirpado de mim. Será circuncidado de verdade".

Mas ninguém guarda de fato a aliança (Paulo dedicou Romanos 2 a deixar isso claro!). Então, como Deus pode ter um povo? Como alguém deixa de ter qualquer pendência com ele?

Porque a "extirpação" de que a circuncisão era sinal já acontecera. Discorrendo sobre a cruz aos cristãos gentios de Colossos (crentes que não tinham sido circuncidados no corpo físico), Paulo afirma: "Nele [Jesus] também fostes circuncidados com a circuncisão que não é feita por mãos humanas [...] a circuncisão de Cristo" (Cl 2.11). Ele lhes explica que tinham sido circuncidados de fato, em Cristo, na cruz. Em sua morte, Jesus foi extirpado. Abandonado pelo Pai, cortado dele (Mc 15.34). Foi "... tirado da terra dos viventes..." (Is 53.8). Circuncidado verdadeiramente. Ele estava carregando sobre si a maldição da quebra da aliança; sofrendo a maldição merecida por quem infringe a lei, seja religioso ou não. Nele nós fomos circuncidados.

> Em sua morte, Jesus foi expirpado. Ele foi circuncidado verdadeiramente.

Quando o Espírito opera em alguém, concede-lhe a circuncisão do Filho. Nem nosso desempenho religioso, nem nossa falta de desempenho religioso importam. Por meio do Espírito, que aplica a obra do Filho em nós, o Pai nos vê como objetos de louvor, não de condenação (v. 29). Não precisamos louvar a nós mesmos, ou viver pelo louvor dos outros. Nosso Pai no céu nos enxerga belos!

A "letra" nos deixa enfrentar a maldição da aliança, e jamais nos faz merecedores de suas bênçãos. Precisamos de outro Alguém para levar sobre si nossa "extirpação". Só Deus pode fazer isso por nós. Na obra concluída do seu Filho, e na obra interna do seu Espírito, ele o fez.

Perguntas para reflexão

1. Você já viu pessoas rejeitarem a Deus por causa da hipocrisia daqueles que se dizem seu povo? Como você pode usar sua própria vida para recomendar Deus?

2. Em que "ortodoxia morta" você considera mais provável que você e sua igreja poderiam cair? Como pode impedir isso?

3. Medite na circuncisão a que Cristo se submeteu em seu benefício. Como isso move você a louvá-lo e amá-lo?

ROMANOS ▪ CAPÍTULO 3 VERSÍCULOS 1-20

5. TODOS NECESSITAM DO EVANGELHO

Paulo vem afastando todos os motivos que imaginamos ter para considerar que, do ponto de vista de Deus, estamos quites com ele. Isso torna incômoda a leitura da carta, tanto para as pessoas irreligiosas quanto, e talvez até mais, para o cristão PROFESSO. Nesta seção, o apóstolo avança implacável rumo a sua conclusão: "... ninguém será justificado diante dele [Deus] pelas obras da lei..." (v. 20).

Indo ao encontro das pessoas onde elas estão

Nos oito primeiros versículos do capítulo, Paulo prevê algumas objeções que sabe que o capítulo 2 pode ter suscitado entre os participantes da igreja romana oriundos de um contexto judaico, e responde a elas. Essas objeções não são críticas ao argumento de Paulo, e podem não ser objeções que ouçamos com frequência hoje. Todavia, Paulo era um grande EVANGELISTA, e podemos vê-lo aqui se colocando na pele de seus ouvintes, respeitando-os o suficiente para refletir muito sobre como reagiriam a seu ensino (ele faz algo parecido em At 17.22-31, ao pregar em Atenas). Aprendemos muito com o fato de Romanos 3.1-8 existir.

Assim, esses versículos são melhor compreendidos como uma seção de perguntas e respostas (P+R) entre Paulo e seu leitor imaginário:

Romanos 3.1-20

P: Paulo, você está querendo dizer que não há vantagem alguma na religião bíblica (v. 1)?
R: Não, nada disso. Há grande valor em ter e conhecer as palavras de Deus (v. 2).
P: Sim, mas essas palavras fracassaram, não? Porque muitos não creram no evangelho da justificação revelado no Filho de Deus, Jesus. O que aconteceu com as promessas (v. 3a)?
R: Apesar do fracasso do povo em crer, as promessas de salvação feitas por Deus continuam se concretizando. Nossa infidelidade só revela o quanto ele está comprometido com sua verdade (pense no que ele fez para ser fiel a suas promessas!) (v. 3b,4).
P: Mas, se a injustiça é necessária para a justiça de Deus ser vista, por que é justo ele nos julgar (v. 5)?
R: Com base nisso, Deus não julgaria ninguém no mundo. E nós (i.e.: Paulo e os judeus religiosos) todos concordamos que Deus deve julgar (v. 6).
P: Bem, nesse caso, se o fato de eu pecar faz Deus parecer melhor, quer dizer que eu deveria pecar mais, não é? Para que sua glória seja vista com mais clareza (v. 7,8).
R: Já fui acusado de pensar assim, mas com certeza não o faço. E dizer que você peca para que Deus o ame é uma atitude absolutamente digna de julgamento (v. 8).

Todos perdidos

"E então?" (v. 9). Eis para onde Paulo nos conduziu desde 1.18. E a conclusão é: todo mundo está "... debaixo do pecado". "Não há justo, nem um sequer..." (v. 10). Estar "debaixo do pecado" e ser "injusto" são a mesma coisa. Ser injusto é um termo posicional; apresentamo-nos diante de Deus, não em uma posição de quitação de dívida com ele, ou com os outros, porque ofendemos a ele e aos outros. Estar "debaixo do pecado" é um termo legal; somos cidadãos do pecado. É como se todos portássemos um passaporte espiritual que ostentasse nossa cidadania legal. Nele está impresso ou *Debaixo do pecado*, ou *Debaixo da graça*. E a declaração espantosa de Paulo é que judeus e gentios, religiosos e irreligiosos, estão *todos* debaixo do pecado. Quem leva uma vida de imoralidade e devassidão tremendas, que se enquadra em cada uma das descrições de 1.18-32, e quem é consciencioso e moral são *iguais* debaixo do pecado.

Isso não significa que somos tão pecadores quanto todas as outras pessoas. Significa que nossa condição legal é a mesma. Estamos todos perdidos, e não existem graus de perdição.

Imagine três pessoas tentando nadar do Havaí até o Japão. Uma não sabe nadar; afunda assim que a água não dá mais pé. A seguinte é uma nadadora fraca; ela se debate por vinte metros antes de se afogar. A terceira é uma campeã de natação e nada com vigor por um longo tempo, mas, depois de quase 50 quilômetros, começa a lutar com a água; depois de 65 quilômetros, afunda; depois de 80, se afoga. Alguma delas se afoga mais do que a outra? Não! Não importa qual nadou mais longe; nenhuma chegou nem perto do Japão, e cada uma delas acabou tão morta quanto as demais. De igual modo, a pessoa religiosa pode confiar na moralidade e a pagã entregar-se à sensualidade, e nenhuma das duas chegará perto de um coração justo. Estarão igualmente perdidas, igualmente condenadas a perecer. Estamos "... todos debaixo do pecado" (v. 9).

> Estamos todos perdidos, e não existem graus de perdição.

Como o pecado afeta os pecadores

Em seguida, Paulo apresenta uma longa lista de efeitos do pecado sobre nós. Não só precisamos aceitar que somos pecadores; necessitamos também começar a entender o problema da realidade da nossa condição de pecadores. À medida que Paulo oferece uma camada atrás da outra de evidências, contemplamos em termos muito crus quem somos e o que isso significa para nós. O pecado tem sete efeitos:

1. *Nossa posição legal*. Ninguém é legalmente justo, e os feitos de ninguém podem mudar isso. Somos culpados e estamos condenados (v. 10).
2. *Nossa mente*. "Não há quem entenda..." (v. 11). Porque a essência da nossa natureza está corrompida pelo pecado, não compreendemos a verdade de Deus. Estamos "... obscurecidos no entendimento [...] pela ignorância e dureza do coração" (Ef 4.18). A ignorância não causa a dureza do coração (não sabemos nada de Deus, portanto não o amamos); em vez disso, a dureza do coração causa a falta de entendimento. Isso porque nosso egocentrismo pecaminoso nos leva a filtrar grande porção da realidade. É uma forma de negação; estamos cegos para muitas verdades e nosso pensamento não processa os dados como deveria.
3. *Nossas motivações* "... Não há quem busque a Deus" (v. 11b). Nenhum de nós deseja de fato encontrá-lo; antes, fugimos e nos escondemos dele em tudo que fazemos, em nossa religião e moralidade (meditaremos mais sobre o assunto adiante).
4. *Nossos desejos*. "Todos se desviaram..." (v. 12). Há aqui o eco de Isaías 53.6: "Todos nós andávamos desgarrados como ovelhas, cada um se desviava pelo seu caminho...". Existe deliberação em nossos desvios. O pecado pode ser definido como nossa exigência de autodeterminação, do direito de escolher nossos próprios caminhos.
5. *Nossa língua*. "A garganta deles é um sepulcro aberto..." (v. 13). Somos enganadores, venenosos, mordazes e blasfemos no que dizemos (v. 13,14). A imagem é a de uma cova com corpos apodrecendo em seu interior. Palavras

pecaminosas são sinais de decadência. Usamos a língua para mentir e proteger nossos interesses, e para prejudicar os interesses alheios.

6. *Nossos relacionamentos*. Nossos pés "... se apressam para derramar sangue. Nos seus caminhos há destruição e miséria; e não conheceram o caminho da paz" (v. 15-17). É assim que o pecado afeta nossos relacionamentos: corremos atrás do sangue um do outro — às vezes, literalmente; com maior frequência tentando pisotear quem se interpõe em nosso caminho. Por que ficamos com raiva das pessoas? Porque nos bloquearam o acesso a um ídolo — comprometeram nosso conforto, ou impediram uma promoção, ou fizeram com que nos sentíssemos fora do controle, ou desfrutam um relacionamento do qual sentimos necessidade. Quando não vivemos usufruindo a aprovação de Deus no evangelho, não conhecemos paz nem conseguimos viver em paz com os outros.

7. *Nosso relacionamento com Deus*. "Não [possuímos] nenhum temor de Deus" (v. 18).

Trata-se de uma lista detalhada, deprimente. Ela também contém duas afirmações particularmente surpreendentes e uma conclusão impressionante. Paulo afirma que "... não há quem busque a Deus..." e "... não há quem faça o bem..."; "... nenhum temor de Deus" é tanto um resumo do nosso pecado quanto uma indicação do antídoto para ele.

Por que quem busca não está buscando a Deus?

Buscar a Deus (v. 11) deveria ser entendido em seu sentido óbvio. É um desejo de conhecer o verdadeiro Deus, de encontrá-lo e desfrutar *dele*; um desejo de adorar, apreciar e regozijar-se nele pelo que ele é.

Romanos 3.1-20

Muitos dirão: "Paulo foi longe demais. Conheço muita gente que não é cristã e que não vai à igreja, mas que ora e reflete muito; esse pessoal busca profundamente a verdade. E depois, há as pessoas das outras religiões também. E, afinal de contas, eu já busquei, e encontrei a Deus!".

Mas Paulo não está dizendo: "Ninguém busca bênçãos espirituais", ou "Ninguém busca a Deus para obter respostas de orações", ou "Ninguém está buscando poder, ou paz, ou experiências espirituais". Ele não diz nada disso porque muita, muita gente mesmo, faz essas coisas. O que Paulo está dizendo é: "Ninguém, instigado por uma decisão própria e agindo conforme as próprias habilidades, deseja encontrar a Deus".

Eis o que ele quer dizer. Alguém pode ter um interesse intelectual na possibilidade de Deus existir ou uma convicção filosófica de que existe um Deus. Mas isso não é uma paixão real por encontrar-se com Deus. Na verdade, as duas coisas podem ser um modo de evitar o encontro com o Deus verdadeiro — se conseguirmos mantê-lo no campo da argumentação intelectual ou do construto filosófico, podemos nos isentar de ter de lidar com a realidade objetiva do Deus real.

Ou alguém poderia passar por um problema na vida e perceber que precisa perdoar para lidar com a culpa; ou de paz espiritual para lidar com a ansiedade; ou de poder ou sabedoria para saber como seguir em frente na vida e ser capaz de fazê-lo; ou de uma experiência MÍSTICA para lidar com o vazio que sente. Mas isso não é o mesmo, em absoluto, que buscar de verdade conhecer o Deus santo, vivo, soberano, relacional, e ser conhecido por ele. É buscar o que Deus pode nos dar, mas não buscá-lo.

Paulo está dizendo que o egocentrismo pecaminoso controla toda busca espiritual por significado e experiência, de modo que tentaremos simplesmente obter bênçãos de Deus, permanecendo no controle e esperando (ou exigindo) que Deus nos sirva e se amolde para se enquadrar em nossas necessidades. Não nos curvaremos diante do Deus vivo, concedendo-lhe o controle sobre nossa vida e nosso futuro, desfrutando dele pelo que ele é e experimentando suas bênçãos em um relacionamento com ele, ao mesmo tempo em que lhe pedimos para nos moldar, enquanto o servimos.

Isso quer dizer que qualquer um que busca a Deus de verdade foi buscado por Deus. Se ninguém é capaz de buscá-lo, então qualquer humano que de fato o faça já deve ter passado por alguma transformação interior causada pelo Espírito de Deus, não por si mesmo. O próprio Jesus disse: "Ninguém pode vir a mim, se o Pai que me enviou não o trouxer..." (Jo 6.44; veja também o v. 65). Paulo espera em favor dos ímpios que "... Deus lhes conceda o arrependimento para conhecerem plenamente a verdade" (2Tm 2.25). Voltarmo-nos para Deus como Senhor e conhecer a verdade sobre quem ele é e quem nós somos não são coisas que fazemos a fim de que Deus passe a operar em nós; são obras que Deus opera em nós de modo que possamos encontrá-lo.

> Qualquer um que busca a Deus de verdade foi buscado por Deus.

Quando refletimos sobre nosso caminho para encontrar a Deus, precisamos entender que não o buscamos; ele nos atraiu para si. Resolvemos depositar nossa fé nele apenas porque ele resolveu nos dar fé. Que diferença isso faz? Você se regozija em ver que Deus não está tentando se esconder de você, que tudo que você sabe sobre ele é porque ele escolheu lhe revelar. Humilha-o a verdade de que não existe nada melhor ou mais inteligente em você que signifique que você buscou a Deus; de que você nada tem que não lhe tenha sido dado (1Co 4.7). Conforta-o e lhe transmite confiança o fato de que "... aquele que começou a boa obra em vós irá aperfeiçoá-la até o dia de Cristo Jesus" (Fp 1.6). E você louva a Deus com maior gratidão, pois sabe que tudo relacionado a sua salvação vem dele, do início ao fim. A salvação não começou com você resolvendo buscar a Deus, mas com ele escolhendo buscar você. Tudo que você tem e é, você sabe, é por pura graça. Por isso canta:

> Não que tenha te escolhido, pois, Senhor, isso não poderia ser;
> este coração ainda te recusaria, não tivesses escolhido a mim...
> Antes de ti meu coração não tem ninguém, pois da tua abundante graça tenho sede;
> sabendo disso, se te amo, deves ter me amado primeiro.

Perguntas para reflexão

1. Como você se sente em relação à afirmação de Paulo de que "... estão todos debaixo do pecado"? Por que você se sente assim?
2. Como você vê os efeitos do seu pecado em sua vida, em seus pensamentos e em seus relacionamentos?
3. Como você reage à verdade de que Deus o buscou antes que você o buscasse? Que diferença isso fará na sua vida?

SEGUNDA PARTE

Por que a bondade moral nem sempre é boa

Se pareceu um exagero Paulo dizer que ninguém busca a Deus, com certeza parecerá chocante ele afirmar que "... não há quem faça o bem..." (v. 12).

Ora, como Paulo pode dizer isso? Afinal de contas, muitos não cristãos fazem muitas coisas boas, usando os próprios talentos e riquezas de modo benigno e generoso, tornando o mundo um lugar melhor. E o próprio Senhor Jesus nos mandou fazer "... boas obras..." (Mt 5.16).

Mas precisamos nos lembrar do tipo de boas atitudes a que Paulo faz referência aqui. Seu foco está voltado para nosso relacionamento com Deus e se nossas boas obras são capazes de consertar esse relacionamento arruinado; se conseguem estabelecer uma justiça que seja nossa. Em última análise, o ensino é que nossas boas obras nada podem fazer para nos salvar. Na verdade, elas podem nos levar para longe, e não para perto, da justiça.

A Bíblia considera uma obra de fato boa quando ela é boa na forma *e* na motivação. Por exemplo, se você ajuda uma velhinha a atravessar a rua, isso é bom na forma; está de acordo com a vontade de Deus para nosso comportamento. Mas *por que* você resolveu ajudá-la? Se foi porque está escuro do outro lado e assim você conseguirá roubá-la, ou (menos extremo e mais provável) porque você espera que ela lhe dê algum dinheiro em sinal de gratidão, ou porque viu um amigo mais à frente na rua, o qual sabe que verá seu gesto e ficará impressionado, então suas boas obras nascem de um coração e de motivações egoístas. Uma boa obra aos olhos de Deus é aquela realizada para sua glória, não para a nossa (1Co 10.31).

Acredita-se que C. H. Spurgeon, pregador do século 19, costumava contar uma história totalmente relacionada com essa questão:

Certa vez, em um reino muito antigo, um jardineiro colheu uma cenoura enorme. Decidiu ofertá-la ao príncipe porque amava seu soberano. Quando a entregou, o príncipe reconheceu-lhe o amor e a devoção e o fato de que o homem não esperava nada em troca. Assim, quando o jardineiro se virou para ir embora, ele disse: "Ouça, meu filho, quero lhe dar um pouco das minhas terras para que você possa produzir uma colheita ainda maior. É sua". O jardineiro voltou para casa muito feliz. Um nobre ouviu falar desse incidente, e pensou: "Se é com isso que o príncipe presenteia ao ganhar uma cenoura, o que ele me daria se eu lhe oferecesse um bom cavalo?". Assim, o nobre foi e presenteou o príncipe com um maravilhoso corcel. Mas o príncipe soube discernir seu coração, e disse: "Você espera que eu lhe retribua como fiz com o jardineiro. Não o farei. Você é muito diferente. O jardineiro deu uma cenoura para mim. Mas você deu o cavalo para você mesmo".

Se você sabe que Deus o ama em Cristo e que não há nada que você possa ou necessite fazer para aceitar sua justiça perfeita, então você pode alimentar o faminto, visitar o enfermo e vestir o nu, e tudo isso como um presente para Deus. Mas, se você pensa que obterá ou manterá sua salvação praticando essas boas obras, na verdade é a si mesmo que está alimentando, a si mesmo que está vestindo, a si mesmo que está visitando. O que importa é a quem servimos em nosso coração, não como servimos com nossas mãos. Sem fé em Cristo, as boas obras não são realizadas para Deus de verdade, mas para nós mesmos — e, portanto, não são boas obras.

Por isso, qualquer bondade moral que tenhamos azeda. Se fazemos o bem para ganhar o favor, a bênção e a salvação de Deus, e o fazemos bem, seremos presunçosos, superiores e cheios de justiça própria; se fazemos mal feito, ficaremos ansiosos, cheios de autopiedade e raiva. As "boas obras" realizadas à parte da confiança no evangelho azedam a alma.

Todos temos de entender isso para sermos cristãos salvos, em vez de pessoas não salvas, mas religiosas. A principal diferença entre o cristão e a pessoa religiosa não é tanto a atitude em relação ao próprio pecado, mas a atitude em relação a suas "boas obras". Ambos se arrependerão dos próprios pecados; mas só o cristão se arrependerá das boas obras erroneamente motivadas, ao passo que o religioso confiará nelas. George Whitefield, pregador do século 18, disse:

> A principal diferença entre o cristão e a pessoa religiosa é a atitude para com suas "boas obras".

Nossas melhores obrigações são como tantos pecados esplêndidos [...] você precisa ficar enojado não só do seu [...] pecado, mas também de sua justiça, de todas as suas obrigações e seus desempenhos. Deve haver uma convicção profunda antes que você possa ser afastado de sua autojustiça; é o último ídolo removido do seu coração.[1]

Nenhum temor

O versículo 18 é o resumo de Paulo de tudo que ele falou do versículo 10 em diante. De onde vem a ignorância em relação a Deus (v. 11), a independência deliberada em relação a Deus (v. 12), as boas obras egoístas (v. 12), as palavras (v. 13,14) e as ações (v.15-17)? "Não possuem nenhum temor de Deus" (v. 18).

O "temor de Deus" é um conceito central na Bíblia. Ouvimos repetidas vezes: "O temor do Senhor é o princípio da sabedoria..." (p. ex.: Sl 111.10). Ele é o ponto de partida de tudo mais; a pedra de tropeço que barra tudo mais. O que é o "temor de Deus"? O salmista surpreende ao afirmar: "Senhor, se atentares para o pecado, quem resistirá, Senhor? Mas o perdão está contigo, para que sejas temido" (Sl 130.3,4). Ele "teme" a Deus porque Deus perdoa pecados! Assim, "temor de Deus" não significa um medo servil, de fazer tremer diante do castigo. Significa, antes, uma atitude interior de reverência, respeito e alegria sóbria e trêmula diante da grandiosidade de Deus. Outra maneira de colocar isso está em Salmos 16.8: "Sempre tenho o Senhor diante de mim...". Ou seja: "Meu segredo é que vivo minha vida mantendo a grandiosidade de Deus sempre diante de mim. Penso sempre em sua glória, seu amor e seu poder; e permito que quem ele é me controle o tempo todo. Vivo na sua luz".

---

[1]J. C. Ryle, "Sermão 58", in: *The select sermons of George Whitefield with an account of his life* (Edinburgh: Banner of Truth Trust, 1900).

Assim, "temer a Deus" é o antídoto para tudo que Paulo fala sobre o pecado. Veja dois dos efeitos do pecado relacionados por ele:

- "... não há quem [...] busque a Deus" (v. 11). O pecado é caracterizado pela fuga de Deus. Ele o faz se esquecer de Deus, torna-o irreal para você. É o oposto de temer a Deus, em que sua paixão é apresentar-se diante dele e sempre pensar nele. Portanto, há duas maneiras de viver a vida: esquecendo-se da realidade dele, e estando consciente da realidade dele.
- "A garganta deles é um sepulcro aberto..." (v. 13). Você só consegue mentir, ou prejudicar com a língua, ou brigar com pessoas ou ser obstinado de coração se a glória e o amor de Deus forem irreais na sua vida.

A condição espiritual do silêncio

Até chegar a esta seção — mesmo em Romanos 1.18-32, quando falava sobre pagãos pecadores que merecem e experimentam a ira de Deus —, Paulo se dirige acima de tudo aos "religiosos". Isto é, conversa com pessoas que guardam a lei, creem na Bíblia e são cheios de justiça própria. Por isso ele citou as Escrituras do Antigo Testamento na descrição dos efeitos do pecado, nos versículos 10 a 18. É como a "lei" diz que as pessoas são — e Paulo demonstrou que as pessoas que ela descreve são judias, bem como gentias. "Ora [...] tudo o que a lei diz é para os que estão debaixo da lei..." (v. 19). Isso se aplica a todos os que conhecem e buscam guardar a lei e também àqueles que não a conhecem ou não se preocupam com ela.

Assim, o efeito de conhecer a lei não deveria ser uma declaração orgulhosa de que sou um bom cumpridor da lei, de que não tenho pendências com Deus. Seu efeito deveria ser: "... toda boca se cale e todo o mundo fique sujeito ao julgamento de

Deus" (v. 19). A lei não nos é dada a fim de que, observando-a, possamos ser "...justificados..." (v. 20), pois somos todos pecadores. A lei não é uma lista de pontos a cumprir; ela é um teste de desempenho, no qual não conseguimos ser aprovados: "... pela lei vem o pleno conhecimento do pecado" (v. 20). Sempre que alguém estuda a lei de Deus, por mais leal, gentil, ponderado, generoso ou amoroso que seja, sua reação só pode ser: "Sou um pecador. Não tenho nada a dizer para Deus — nenhuma defesa a fazer ou oferta a apresentar. Estou em apuros desesperadores".

> A boca que se cala é uma condição espiritual.

Essa é a triste verdade; mas a verdade mais dura é melhor do que o doce engano. E dá sentido ao que vemos em nós e à nossa volta. O matemático e filósofo do século 17 Blaise Pascal exprime assim a questão:

> Nada nos ofende mais brutalmente do que essa doutrina. Contudo, sem esse mistério, o mais incompreensível de todos, somos incompreensíveis para nós mesmos.[2]

A boca que se cala é, portanto, uma condição espiritual. É a condição da pessoa que sabe que não pode se salvar. Como explica John Gerstner:

> O caminho para Deus está escancarado. Não há nada que se interponha entre o pecador e seu Deus. Ele tem acesso imediato e desimpedido ao Salvador. Não há nada para atrapalhar. Nenhum pecado é capaz de detê-lo, pois Deus oferece a justificação aos ímpios. Agora nada se interpõe entre o pecador e Deus, a não ser as "boas obras" do pecador. Nada pode afastá-lo

---

[2]"Pensées", in: *The works of Pascal* (New York: Random House, 1941), seção VII, p. 434 [edição em português: *Pensamentos* (São Paulo: WMF Martins Fontes, 2005)].

Romanos 3.1-20

> de Cristo, a não ser sua ilusão [...] de que ele tem boas obras próprias capazes de satisfazer a Deus [...]. Tudo de que necessita é a necessidade. Tudo que precisa ter é nada [...]. Mas ah!, pecadores são incapazes de se apartar de suas "virtudes". Não têm uma que não seja imaginária, mas todas são reais para eles. Por isso a graça se torna irreal. A graça verdadeira de Deus, eles menosprezam, a fim de se apegarem às próprias virtudes ilusórias. Com seus olhos fixos em uma miragem, não beberão da água real. Morrem de sede tendo água em toda a sua volta.[3]

"Pois a justiça de Deus se revela no evangelho..." (Rm 1.17). Tudo de que necessitamos é nos achegarmos a Cristo de mãos vazias e receber sua justiça. O que mantém as pessoas longe da salvação não são tanto os pecados cometidos por elas, mas suas boas obras. Se nos achegamos a Deus dizendo-lhe que somos moralmente corretos, oferecendo-lhe as obras das nossas mãos como nossa justiça, não conseguimos receber a justiça que ele concede pela graça. Precisamos desistir de nossa correção moral ou bondade e nos arrepender de nossa religiosidade, bem como de nossa rebeldia. Precisamos chegar de mãos vazias e boca fechada e receber.

Perguntas para reflexão

1. Por que os rebeldes necessitam do evangelho? Como você explicaria isso a alguém que rejeita a existência de Deus?

2. Por que pessoas moralmente corretas necessitam do evangelho? Como você explicaria isso a alguém que pensa que é bom o suficiente para Deus?

3. Por que você necessita do evangelho? Como você relembra seu coração disso quando ele é tentado a sentir ou orgulho pela correção moral, ou desespero pelo pecado?

---

[3] *Theology for everyman* (Chicago: Moody, 1965), p. 72-3.

ROMANOS ▪ CAPÍTULO 3 VERSÍCULOS 21-31

6. UM DIAMANTE SOBRE UM FUNDO ESCURO

"Mas" é uma palavra que inverte a declaração que a precedeu; pode qualificar o louvor, ou trazer esperança onde parecia não haver nenhuma. Isso porque há poucas palavras mais gloriosas do que o "mas" que inicia o versículo 21. "Porque ninguém será justificado [...] pela lei vem o pleno conhecimento do pecado" (v. 20). *Mas...* Paulo agora se volta do pano preto do pecado humano para erguer o diamante reluzente do evangelho.

Justiça e justificação

O evangelho, como sabemos a partir de Romanos 1.17, revela "... uma justiça que provém de Deus..." (NVI); ou "... a justiça de Deus..." (v. 21). É uma justiça *manifesta*, mas também uma justiça *outorgada*. Nossas traduções às vezes tornam impreciso o entendimento, mas os termos "justiça" e "justificado" nesses versículos provêm todos da mesma palavra: *dikaiosune*. Portanto, o versículo 21 poderia dizer: "Mas agora a justificação de/proveniente de Deus se tornou conhecida"; e o versículo 24 poderia ser traduzido: "e são justificados gratuitamente".

A justiça é um registro validador de desempenho que abre portas. Quando você procura emprego, manda um currículo para uma empresa. Ele contém todas as experiências e habilidades que o tornam digno (assim você espera!) do cargo. Você, então, o envia e diz: "Analisem meu currículo. Aceitem-me!".

Seu relatório não tem nada que o desqualifique para o emprego, mas contém tudo (assim você espera!) que o qualifica para ele.

Toda religião e toda cultura acreditam que o mesmo acontece com Deus. Não se trata de um registro vocacional, mas de um registro moral ou espiritual. Você apresenta seu registro de desempenho e, se ele for bom o suficiente, você será considerado digno da vida com Deus e será aceito. E, então, vem Paulo e diz: "*Mas agora...*". Pela primeira — e última — vez na história, uma abordagem de Deus de que nunca se ouviu falar foi revelada. Uma justiça divina — a justiça de *Deus*, um registro perfeito — nos é *outorgada*.

Nenhum outro lugar oferece isso. Fora do evangelho, temos de desenvolver uma justiça, oferecê-la a Deus e pedir (cheios de esperança e ansiedade): "Aceite-me". O evangelho diz que Deus desenvolveu uma justiça perfeita, que ele a oferece a nós e que por ela somos aceitos. Essa é a singularidade do evangelho cristão; ele inverte o que cada religião e COSMOVISÃO, e até cada coração humano, acredita.

Como a justiça chega até nós

Os versículos 22 a 25 nos ensinam quatro lições sobre como a justiça chega aos pecadores.

Primeiro, ela chega "... por meio da fé em Jesus Cristo para todos os que creem..." (v. 22). A fé que recebe a justiça tem um objeto: Cristo. Segundo dizem, o presidente norte-americano Eisenhower teria declarado certa vez que os Estados Unidos foram "edificados sobre uma fé religiosa profunda — e não me interessa qual seja ela". Essa é uma visão típica de hoje; qualquer outra é vista como dogmática e antidemocrática. Mas é o objeto de crença, em vez de a crença em si, que constitui a questão crucial. Posso ter uma fé grande e inabalável na capacidade de penas amarradas aos meus braços me fazerem voar dos Estados Unidos até o Reino Unido; mas depositei minha fé no lugar errado. De igual modo, posso ter fé apenas suficiente para embarcar em um voo transatlântico, tremendo de nervoso ao fazê-lo, e, no entanto, o objeto da minha fé realizará o que promete. Não é a fé que salva; não é nem a fé em Deus que salva: é a fé *em Jesus Cristo*.

Segundo, ela não pode chegar a nós por meio de nossos próprios atos ou esforços (v. 23). Literalmente, o versículo 23 diz: "Porque todos pecaram e estão destituídos da glória de Deus". Fomos feitos à imagem de Deus para lhe dar glória e desfrutar da glória do seu louvor (2.29). Por causa do nosso pecado, perdemos essa glória; não podemos viver na presença de Deus, desfrutando de sua aprovação.

Terceiro, a justiça chega a nós "... gratuitamente..." (v. 24). Isso é muito importante, pois é possível pensar na fé como uma espécie de "obra", a invocação de um sentimento psicológico acerca de Deus. Algumas pessoas pensam na fé como uma atitude intensa de entrega ou um estado de certeza ou confiança. Mas Paulo tem o cuidado de dizer que ela é dada "gratuitamente". É o mesmo termo utilizado quando Jesus Cristo diz: "... Odiaram-me *sem motivo*" (Jo 15.25, grifo do autor). A palavra grega para "gratuitamente" também quer dizer "sem motivo", "de modo totalmente infundado"; "algo dado ou feito sem nenhuma razão". Não devemos ser presa do erro sutil de pensar que nossa fé nos salva de verdade, como se no Antigo Testamento Deus quisesse a obediência à lei para salvação e agora mudasse os critérios e tudo que deseja é fé. Essa é uma interpretação errada de ambos os Testamentos, do papel tanto da lei quanto da fé! Tanto no Antigo Testamento quanto no Novo, é a obra de Cristo que tem o mérito pela nossa salvação. Em ambos, a fé é a maneira pela qual ela é recebida, e nada mais. Fé é simplesmente a atitude de achegar-se a Deus de mãos vazias. Quando uma criança pede à mãe algo de que necessita, confiando que o receberá, seu pedido não merece nada; é tão somente a maneira de receber a generosidade da mãe.

> Fé é simplesmente a atitude de achegar-se a Deus de mãos vazias.

Isso é crucial porque, se você achar que sua crença é a causa da sua salvação, deixará de olhar para Cristo e começará a olhar para a própria fé. Se tiver dúvidas, ficará abalado. Se deixar de senti-la com tanta clareza e entusiasmo, ficará preocupado. O que houve? Você converteu sua fé em uma "obra"! A fé nada mais é que o instrumento pelo qual você recebe sua salvação, não a causa da salvação. Se não enxergar isso, você pensará que tem alguma coisa de que se vangloriar: "O motivo pelo qual sou salvo é porque depositei minha fé em Jesus". Essa é uma interpretação sutilmente equivocada que elimina nossa confiança e estimula nosso orgulho. E o versículo 27 diz que o evangelho não oferece nenhuma base para o orgulho.

Quarto e último, Paulo é ainda mais específico acerca daquilo *em* que devemos depositar nossa fé. É a fé na obra de Cristo na cruz, não uma admiração genérica por ele como um grande homem, nem como um exemplo inspirador e assim por diante. A justiça vem "... por meio da fé, pelo seu sangue..." (v. 25). A fé que salva se encontra em "... Jesus Cristo, e este, crucificado" (1Co 2.2).

Assim, "... todos os que creem..." (v. 22) são justificados. "... não há distinção" porque, como somos todos pecadores, não há quem não necessite receber justificação; e porque, como Cristo morreu por esses pecados, não há ninguém que não possa receber justiça.

Martyn Lloyd-Jones o resume assim:

> O homem que tem fé é o homem que não olha mais para si mesmo, nem espera mais nada de si mesmo. Não olha mais para nada que foi um dia. Não olha para o que é agora. Não olha para o que espera ser [...] Ele olha exclusivamente para o Senhor Jesus Cristo e sua obra completa, e só nela descansa.[1]

---

[1] *Romans: exposition of chapters 2:1—3:20 the righteous judgment of God*, Roman Series (Grand Rapids: Zondervan, 1989), p 45 [edição em português: *Romanos: exposição sobre capítulos 2:1—3:20: o justo juízo de Deus* (São Paulo: PES, 1999)].

Como a justiça pode chegar até nós

Mas como Deus pode permanecer justo — manter um registro perfeito de ser justo e sempre fazer o que é certo — *e* tornar pecadores, que merecem o juízo, justos? Como pode haver uma justiça *de* Deus e uma justiça *proveniente de* Deus? Como um Deus justo consegue justificar o fato de justificar você e eu?

Ele o faz "... por meio da redenção que há em Cristo Jesus" (v. 24). Redenção é uma palavra que nos leva de volta ao Israel do Antigo Testamento. Naquela sociedade agrícola, não era preciso muito para contrair dívidas, para ter de se vender como escravo, mas era preciso muito — uma vida inteira, talvez — para sair dessas situações. Por isso, a lei de Deus previa um parente/redentor — um *go'el* — que comprasse sua dívida, sua escravidão, de modo que você pudesse viver em liberdade outra vez (Lv 25.25). Paulo diz agora que, por intermédio de Jesus, a nós, que somos escravos do pecado e da morte e do juízo... a nós, que jamais conseguiríamos saldar a dívida que contraímos... a nós, a redenção — a libertação dessa dívida — chegou.

O Pai justifica seu povo por meio da obra do Filho. Ele nos redimiu oferecendo "... Cristo Jesus [...] como sacrifício de..." (v. 24,25). Eis o modo pelo qual o Deus justo justifica pecadores; como ele torna justo o injusto.

Muito se tem escrito sobre como traduzir a palavra que Paulo emprega aqui, *hilasterion*. A NIV usa o termo "sacrifício de adunação";[2] a KJV e a ESV o traduzem por "propiciação" (ARA).

---

[2] *Adunação* se refere à "morte reconciliatória" de Cristo na cruz. A expressão está ligada ao latim *adunatio* (de *ad* + *unus*) e se refere à morte de Cristo em nosso lugar e em nosso favor como aquele ato que reconciliou os pecadores com Deus e que se desdobrou em *expiação* (ação de eliminar o pecado) e *propiciação* (ação de afastar a ira punitiva de Deus). Embora o termo seja usado nas versões bíblicas em português, nas versões inglesas ele se encontra claramente distinto dos outros termos citados acima (*atonement, expiation, propitiation*). É com base nessa distinção que o autor trabalha os conceitos. (N. do E.)

Várias outras traduções modernas (p. ex.: SV e NEB) traduzem a palavra por "expiação", mas isso porque os tradutores querem evitar o sentido claro do termo usado por Paulo. Expiação é a eliminação da transgressão. Propiciação inclui a expiação, mas é muito mais do que isso — é desviar a ira de Deus. Significa que a ira de Deus é afastada de nós — aqueles que a merecem — pela provisão daquele que a recebe em nosso lugar: o próprio Deus, Jesus.

Assim, a cruz é o lugar onde o juiz recebe o julgamento. Esse foi o plano do Pai, e também o sacrifício voluntário do Filho. Ele não sofreu porque tinha de fazê-lo, mas porque amou o Pai e a nós. Podia ter mudado de ideia, mas escolheu não mudar (Mc 14.35,36).

Se Deus nos perdoasse tornando-se indiferente ao pecado — se o único modo pelo qual ele pudesse justificar seu povo fosse abrindo mão do papel de juiz —, de modo algum isso significaria ser amoroso para com as vítimas do pecado; isso não nos daria qualquer garantia futura e comprometeria Deus profundamente em seu caráter. Não. Deus deveria nos julgar, deve nos julgar e haverá de nos julgar. A maravilha é que ele nos julgou na pessoa do próprio Filho — que, como escreve John Murray:

> Deus não deixa de lado sua justiça; ele a volta contra si próprio.

> Deus amou tanto os objetos da sua ira, que deu seu próprio Filho com o fim de que ele, pelo próprio sangue, fizesse provisão pela remoção de sua ira.[3]

Deus não deixa de lado sua justiça; ele a volta contra si próprio. A cruz não representa uma acomodação entre a ira e o amor

---

[3] *The atonement* (Grand Rapids: Baker, 1962), p. 15.

de Deus; ela não satisfaz metade de cada um. Pelo contrário, satisfaz a ambos plenamente e no mesmo ato. Na cruz, a ira e o amor de Deus foram ambos vindicados, demonstrados e expressos com perfeição. Ambos resplandecem e são satisfeitos na totalidade. A cruz é uma demonstração tanto da justiça de Deus quanto do seu amor justificador (v. 25,26).

Pecados cometidos anteriormente

Entender a cruz nos capacita a entender as palavras de Paulo no versículo 25: que Deus "... deixou de punir os pecados anteriormente cometidos".

Se Deus tivesse perdoado de verdade e por completo os pecados cometidos por seu povo do Antigo Testamento, eles teriam desaparecido; não seria necessário fazer mais nada. Mas Paulo está nos mostrando que na verdade Deus não os perdoou, antes, apenas os deixou sem punição até que punisse seu Filho por eles na cruz. Em outras palavras, em sua paciência, Deus adiou o pagamento por esses pecados. Os sacrifícios e os rituais do Antigo Testamento sempre foram só substitutos provisórios que apontavam para Cristo; não pagavam de fato as dívidas (como os livros de Gálatas e Hebreus, no Novo Testamento, explicam em muito mais detalhes). Deus aceitava Abraão, Moisés, Davi e todos os santos do Antigo Testamento quando se arrependiam e confiavam em sua misericórdia, mas com base na obra futura de Cristo. Ele já era o justo juiz que justifica seu povo.

Perdendo justiça ou justificação

O que acontece se nos esquecemos de que Deus é "justo" ou de que ele é o "justificador"? A menos que seu Deus seja um Deus tanto de amor sacrificial quanto de ira santa contra o mal, isso acarretará distorções em sua vida.

De um lado, se você faz objeção à ideia de um Deus com padrões, os quais ele defende, você é como a criança que força os limites dos pais e, se bem-sucedida em deixá-los para trás, passa a vida se sentindo liberta mas desorientada, sem nada com que contar, sem nada debaixo de si ou à sua volta. Ouvimos falar muito (e é um fato) sobre pais abusivos e autoritários que não demonstram amor pelos filhos. Mas pais completamente permissivos, que não estabelecem limite nenhum, não dão qualquer orientação e nunca confrontam os filhos também são destituídos de amor, e também destrutivos. O mundo está cheio de gente criada com uma visão que se supõe esclarecida de um Deus "amoroso", para quem "tudo pode". Sentem-se então espiritualmente órfãs, sem nenhuma certeza ou amor verdadeiro, *porque é isso que essas pessoas são.* Acabaram ficando com um Deus desinteressado e indiferente; e, claro, inexistente.

Por outro lado, um Deus irado e desprovido de graça jamais lhe dará a motivação para levar uma vida decente. Você se sentirá esmagado e desesperançoso, ou com raiva e insolente, e sempre destituído de amor, porque o medo é incapaz de produzi-lo. Se tiver um Deus feito só de padrões e juízo, você será uma pessoa coagida, nunca apta a corresponder a esses padrões, sempre fugindo dele.

A maravilha da cruz é que em uma só tacada ela satisfaz o amor e a justiça de Deus. No mesmo momento, ela nos mostra que Deus é *tanto* juiz — que se importa o suficiente com seu mundo para estabelecer padrões e nos responsabilizar por eles — *quanto* justificador que fez todo o necessário para nos perdoar e restaurar. Ele é um Pai digno de se ter, e um Pai que podemos ter. Na cruz, de maneira gloriosa e libertadora, vemos que ele é "... justo e também justificador daquele que tem fé em Jesus" (v. 26).

> Deus é um Pai digno de se ter, e um Pai que podemos ter.

Romanos 3.21-31

Perguntas para reflexão

1. Se tivesse um minuto dentro de um elevador para explicar a alguém como podemos ficar quites com Deus, o que você diria?
2. Você tem tendência a se esquecer da justiça de Deus ou da justificação de Deus? Como esquecer-se de uma coisa ou de outra afeta seus sentimentos, sua percepção e/ou seus atos?
3. Como esta seção estimulou você a louvar o Deus que justifica?

SEGUNDA PARTE

A questão da vanglória

Paulo nos apresentou uma explicação fascinante do evangelho. Que lição ele tira disso? "Onde está [...] o motivo da vanglória? É excluído..." (v. 27, NVI).

A palavra "vanglória" vem dos campos de batalha. Na condição de soldado, como se adquire a confiança para avançar na batalha contra os inimigos? Dizendo (em seu coração, e gritando para eles): "Somos maiores e mais fortes do que vocês. Temos mais homens e melhores armas do que vocês. Vamos derrotá-los". É o que vemos Golias fazer diante das fileiras israelitas, em 1Sm 17.8-11.

Aquilo de que você se vangloria é o que lhe dá confiança para sair e encarar o dia. É aquilo de que você diz: "Sou alguém porque tenho tal coisa. Posso vencer o que vier contra mim porque sou isso". Aquilo de que você se vangloria é basicamente o que o define; é de onde você extrai sua identidade e sua autoestima.

> Aquilo de que você se vangloria é o que lhe dá confiança para sair e encarar o dia.

Ora, no evangelho, o motivo da vanglória é "excluído". Por quê? Um excelente modo de entender o que Paulo está dizendo é observar-lhe a experiência. Em Filipenses 3.5-11, ele nos conta que, antes de se tornar cristão, depositava sua confiança/se vangloriava em ser: "circuncidado no oitavo dia, da descendência de Israel, da tribo de Benjamim, HEBREU de hebreus; quanto à lei, [...] FARISEU; quanto ao ZELO, persegui[dor d]a igreja; quanto à justiça que há na lei, [...] irrepreensível". Uma lista e tanto! Inclui linhagem familiar, estirpe racial, realização profissional e educacional e religiosidade/moralidade.

Em seguida, ele diz: "... Eu as considero como esterco..." (v. 8)! Paulo não confia em nada disso; não se vangloria dessas coisas — pelo contrário. Declara: "Não preciso de nenhuma dessas coisas. Nenhuma delas me ajuda em absoluto!". Por que abriu mão delas? Ele responde: "... para que possa ganhar Cristo...". Ele está dizendo que vangloriar-se e crer são antagônicos; não se pode ter as duas coisas. O princípio da fé exclui a vanglória (v. 27) porque a fé entende não haver nada que possamos fazer para nos justificar (v. 28). Se pretendemos receber Jesus, temos de abrir mão da vanglória.

> Vangloriar-se e crer são antagônicos; não se pode ter as duas coisas.

Isso é mais desafiador e ofensivo do que pode parecer a princípio. Paulo está dizendo que precisamos abrir mão de todo o nosso senso de identidade e segurança; todos os nossos fundamentos de dignidade e autoestima estão "excluídos". Por quê? Porque "... o homem é justificado pela fé sem as obras da lei" (v. 28). Afinal de contas, Deus é o Deus que tornou sua justiça disponível para judeus e para gentios (v. 29). Ele é o Deus justificador, para quem tanto o circuncidado (pessoas religiosas) quanto os incircuncisos (pessoas irreligiosas) necessitam se voltar em fé (v. 30).

Só excluímos a vanglória quando constatamos que nossas *melhores* realizações nada fizeram para nos justificar! Vangloriar-se delas é como um homem que se afoga agarrado a um monte de cédulas de cem reais, gritando: "Estou bem! Tenho dinheiro!".

Se você entende o evangelho da justiça recebida, jamais se vangloriará. Ou, antes, jamais se vangloriará de si mesmo, mas apenas de alguém que não é você, e exclusivamente por algo que você não fez: Cristo, e ele crucificado. Paulo declara: "Mas longe de mim orgulhar-me, a não ser na cruz de nosso Senhor Jesus Cristo..." (Gl 6.14). Os cristãos sabem que são salvos exclusiva e inteiramente pela obra de Cristo, não a sua própria. Não tomam para si nenhum crédito pela posição que ocupam diante de Deus, nem pelas bênçãos dele recebidas.

A vanglória dos cristãos é transferida deles para seu Salvador, porque todo o mundo sempre se vangloriará — extrairá confiança e esperança — do objeto da própria fé. Se você sabe que é salvo só pela obra de Cristo, tem grande confiança, mas não autoconfiança nas próprias obras; antes, é confiança em Cristo e em sua morte. Você encara o dia, mesmo o dia da sua morte, dizendo ao mundo: "Tenho Cristo. A morte dele significa que, quando Deus olha para mim, enxerga seu lindo filho. Mundo, não preciso de nada seu, e você não pode tirar nada de mim. Tenho Cristo".

O que a vanglória provoca

Essa transferência de vanglória, das obras para Cristo, nos transforma por completo. De fato, podemos ver a maioria dos problemas nas sociedades e nos indivíduos como o resultado de vanglória mal direcionada. Eis três deles:

1. *As divisões humanas*. O orgulho em razão de raça, de status social ou de realização necessariamente leva ao preconceito, ao sentimento de superioridade e à hostilidade. Para termos confiança, precisamos enxergar a nós mesmos como melhores do que outras classes de pessoas.

2. *A negação*. Se nossa confiança vier de nossa raça/etnia, teremos de fechar os olhos para os males e as falhas do nosso povo. Isso leva ao racismo, ao elitismo etc. Se nossa confiança vier de nossas conquistas morais, teremos de fechar os olhos para nossos pecados e egoísmo. Isso nos torna tremendamente sensíveis quando alguém critica nossa religião ou nosso caráter moral, porque nossa pureza moral é nossa única força. Se a perdermos, perdemos tudo. Se nossa confiança vier do amor de alguém (pai, filho, cônjuge, um parceiro romântico), teremos de fechar os olhos para os pecados desse ente querido ou para quaisquer problemas no relacionamento. Não seremos capazes de demonstrar o "amor que disciplina" quando necessário.
3. *A ansiedade*. Quando qualquer coisa de que nos vangloriamos é ameaçada, nossa segurança fundamental também o é. Ficamos vulneráveis ao grande pavor.

O evangelho cria toda uma nova disposição mental. Entre suas marcas incluem-se:

1. *Sua mente experimenta profunda satisfação com a doutrina da justificação*. Você diz: "Entendi como isso funciona. É assombroso! Ele me aceita porque Jesus pagou por todas as minhas falhas! Que maravilha!". Você *nunca* se cansa de pensar no assunto. Não para de se surpreender com ele. Não se trata de uma doutrina árida que você entende de forma mecânica. Trata-se da fonte da sua alegria, de uma verdade que faz seu coração cantar — porque diz respeito a você, a sua justificação, sua liberdade e confiança.
2. *Uma nova liberdade da negação*. O evangelho lhe confere uma base, de modo que a crítica, as más notícias e as avaliações negativas possam agora ser administradas. As más notícias e o fracasso abjeto não mais ameaçam sua confiança.

Agora, quanto mais você vê suas falhas e seus fracassos, mais incrível e precioso lhe parece o amor de Deus, e mais amado por ele você se sente. Esse é um teste crítico! Se, essencialmente, você rejeita a ideia da cruz e de Jesus como seu substituto a carregar seu pecado — se no fundo você acha de verdade que seu valor e sua aceitabilidade dependem de seu desempenho —, então, quando seu pecado é revelado, ele o afasta de Deus em vez de fazê-lo se sentir mais próximo dele.

3. *Uma nova liberdade da ansiedade.* Pouco a pouco você se torna uma pessoa mais corajosa, sem medo da morte, do futuro ou das outras pessoas. Aprende que Deus é *por* você. Sabe que "Aquele que não poupou nem o próprio Filho, mas, pelo contrário, o entregou por todos nós, como não nos dará também com ele todas as coisas?" (Rm 8.32). Por isso, você deposita seus piores temores nas mãos dele e os deixa lá; enfrenta a dificuldade e o perigo dizendo: "Ele é por mim, então posso encarar a morte. Sei que o futuro está em suas mãos. Ele não se daria a todo esse trabalho para não me conceder o que realmente necessito". Quando a morte vier, você reproduz com alegria em seus lábios as palavras finais de Jesus: "Pai, nas tuas mãos entrego o meu espírito..." (Lc 23.46).

A lei hoje não é nada?

A lei não pode nos salvar. Não nos dá nenhuma base para vanglória, autoestima ou confiança. A justiça de Deus, e a justiça proveniente Deus, se manifestou "... sem a lei..." (v. 21). Então, quando Paulo indaga "Por acaso anulamos a lei pela fé?..." (v. 31), com certeza a resposta certa parece ser: "Sim. Só o que importa agora é receber pela fé a justiça oferecida na cruz".

Todavia, o próprio Paulo responde "... De modo nenhum!" (NVI), e acrescenta que, longe de tornar nula e vazia a lei:

Romanos 3.21-31

"... pelo contrário, confirmamos a lei". Ele está dizendo que o crente no evangelho, salvo sem a lei, compreende e ama a lei *mais* do que alguém que está buscando ser salvo por ela.

Como pode ser isso? Embora a observância da lei como meio de salvação seja um ato nulo e vazio (e sempre tem sido, como Paulo mostrará no capítulo quatro), a lei não foi posta de lado, nem suas exigências foram alteradas. A lei de Deus ainda está lá, e ainda deve ser guardada. Ela deve ser obedecida por qualquer um que compareça na presença de Deus.

O evangelho não declara que a lei não importa mais, e sim que ela importa muito. Ela deve ser cumprida; e, para aqueles que têm fé em Cristo, ela foi. A fim de fazer o "sacrifício de adunação (reconciliação)" do Antigo Testamento, que era um vislumbre da morte de Cristo, os animais utilizados tinham de ser "... sem defeito..." (Lv 4.3; 16.3,6-17). Por que era assim? Porque o sacrifício de adunação supremo, Cristo, não só tomou sobre si o pecado do seu povo, como também lhe IMPUTOU sua obediência à lei — sua justiça. Quando depositamos nossa fé em Cristo, nossa condição de pecadores é dada a ele; ele morreu por isso. E ele nos dá sua obediência perfeita à lei de Deus; nós vivemos por isso. "Deus tornou pecado por nós aquele que não tinha pecado, para que nele nos tornássemos justiça de Deus" (2Co 5.21, NVI).

> A lei deve ser cumprida; e, em Cristo, ela foi.

Assim, o evangelho confirma a lei, demonstrando que a infração da lei é séria a ponto de produzir morte e juízo e que a observância da lei é tão fundamental que ninguém pode passar por juízo sem que ela tenha sido cumprida em seu favor. A lei é confirmada na vida de Cristo e em sua morte, não anulada.

Mas, se Cristo simplesmente imputa sua justiça a nós, a lei não é anulada na vida do cristão? De modo nenhum, como diria Paulo! Fora da fé em Cristo, a lei — quando lhe permitimos falar livre e plenamente — é tanto bela quanto terrível. Amamos o retrato da pessoa perfeita que vemos aqui. Alguém que perdoa com liberalidade, abençoa seus inimigos, é infalivelmente generoso e puro, tanto de pensamento quanto de ações, e assim por diante; esse é o tipo de pessoa que adoraríamos ter como amigo. É um belo retrato do que a humanidade poderia, e deveria, ser. Mas é também um padrão aterrador, porque todos os dias, em todos os sentidos, falhamos em satisfazê-lo.

Ou seja, se você obedece à lei a fim de ser salvo, deve fazer uma de duas coisas:

- Mudar a lei, tornando mais fácil cumprir suas exigências. Você deseja que seus mandamentos sejam limitados e exequíveis. Não quer saber de "Ama teu próximo como a ti mesmo", mas, sim, de "Não beba álcool" ou "Vá à igreja".
- Ser esmagado pela lei, pois sabe que não pode corresponder a suas exigências. Ou você se odiará, ou falhará; ou (como fez Lutero) passará a odiar Deus porque não tem como corresponder às exigências que ele faz.

De uma forma ou de outra, você anulará a lei! Só o evangelho nos permite reconhecer e confirmar os padrões perfeitos da lei, pois sabemos que a lei é importante o suficiente para Deus a ponto de trazer morte; mas sabemos também que ela não mais significa a *nossa* morte. Não precisamos ignorar a lei que não podemos cumprir, nem ser esmagados por ela. Somos livres para devotar o devido respeito pelos absolutos morais e para nos importar profundamente com a justiça. Podemos estar seguros em nós mesmos, sem ser críticos dos

> Só o evangelho nos permite reconhecer e confirmar os padrões perfeitos da lei.

outros, perdoando aqueles que nos prejudicaram e não sendo esmagados por nossas próprias falhas e nossos próprios fracassos. O evangelho nos liberta para confirmarmos a lei.

Perguntas para reflexão

1. Como esses versículos mudam a visão que você tem de si mesmo?
2. Como esses versículos mudam a visão que você tem da lei de Deus?
3. Em que, fora Cristo, você poderia ser tentado a se vangloriar como base para sua confiança ou autoestima hoje? Como você pretende assegurar que só se vangloriará em Cristo?

ROMANOS ▪ CAPÍTULO 4 VERSÍCULOS 1-25

7. QUANDO A JUSTIFICAÇÃO COMEÇOU

Paulo fez sua grande afirmação da justificação pela fé em Cristo somente — uma fé que exclui a vanglória e confirma a lei. Agora ele chama duas testemunhas para apoiar sua causa — Abraão e Davi. "Que diremos sobre Abraão, nosso pai humano? O que ele alcançou?" (v. 1). "Assim também Davi fala..." (v. 6).

Foi um golpe de mestre. Abraão era o pai dos judeus. A nação de Israel começou quando Deus prometeu ao ancestral daquele povo, Abraão, fazer de seus descendentes uma grande nação, vivendo na terra concedida e abençoada por Deus (Gn 12.1-3). E Davi foi o maior rei dos judeus, em cujo reinado a nação de Israel atingiu o apogeu no Antigo Testamento. Ao longo dos capítulos 1 a 3, Paulo se opôs aos judeus nacionalistas e defensores da justificação pelas obras. Então, com quem concordariam o pai-fundador da nação e seu modelo de rei? Essa é a questão de Romanos 4.

Nada em que se gloriar

A primeira possibilidade é que "... [Abraão] foi justificado pelas obras..." (v. 2) — ele nos mostra que fé salvadora é igual a obediência. Se foi esse o caso, Paulo continua, então a conclusão lógica é que Abraão "... tem do que se gloriar...". Se fé é igual a obediência, então nós, os salvos, poderíamos nos gloriar diante de Deus e dos outros, pois seríamos os verdadeiros autores da nossa salvação.

Nesse ponto, no entanto, Paulo se desespera ante à inviabilidade de tal conclusão, pois é certo que Abraão poderia se gloriar, "... mas não diante de Deus" (v. 2). A imagem é de Abraão comparecendo diante de Deus e se gloriando do que fez, contando ao Senhor todas as maneiras pelas quais obedecera. "Com certeza ninguém pode fazer isso", Paulo está dizendo.

E, de fato, as Escrituras provam que Abraão não tinha mesmo nada de que se gloriar (v. 3). Esse versículo nos apresenta uma palavra de extrema importância para o capítulo inteiro: *logizomai*. Ela é traduzida como "atribuído" (v. 3-6,8-11,22-24). Trata-se de um termo contábil que quer dizer "contar como". Atribuir algo é conferir um status inexistente até então. Um exemplo é a aquisição de imóveis por "*leasing* imobiliário": os pagamentos que faço contam como um aluguel; mas, se eu decidir ficar com a casa, então esses pagamentos anteriores serão contados agora como amortização da dívida. Um novo status lhe será atribuído.

E, no versículo 3, citando Gênesis 15.6, Paulo diz que a fé de Abraão "... lhe foi [atribuída] como justiça". O que isso quer dizer? Não que a fé resulte apenas em justiça — embora seja verdade que, se crermos que Deus existe e que ele merece nossa obediência e nossa adoração, então disso fluirá a vida justa. Tampouco significa que a fé de Abraão era em si uma forma de justiça, merecendo ou fazendo jus ao favor e à bênção de Deus.

> Deus tratava Abraão *como se* ele estivesse levando uma vida justa.

Não, é muito mais — a fé *contava como* justiça. Significa que Deus tratava Abraão *como se* ele estivesse levando uma vida justa. Sua fé não era justiça; mas Deus a contava como se fosse. Douglas J. Moo escreve:

Se compararmos outros versículos em que é empregada a mesma construção gramatical de Gênesis 15.6, chegamos à conclusão [...] de que a atribuição da fé de Abraão como justiça significa "atribuir-lhe uma justiça que não lhe pertence inerentemente".[1]

Abraão não era justo, perfeito e irrepreensível em si mesmo; contudo, Deus o tratava como se fosse. É possível ser amado e aceito por Deus ao mesmo tempo que somos pecadores e imperfeitos. Martinho Lutero expressa isso do seguinte modo: os cristãos são *simul justus et peccator* — ao mesmo tempo justos e pecadores.

A prova dessa interpretação pode ser vista no versículo 5, na notável e impressionante declaração de que Deus é um Deus "... que justifica o ímpio...". Aqui está a verdade de que, quando recebemos nossa justiça atribuída, ainda somos ímpios.

Justificação e justiça atribuída são, portanto, a mesma coisa. Ser justificado é receber justiça atribuída. É o que Martinho Lutero chamou de "justiça passiva", e o que os teólogos denominam "justiça imputada".

Como Paulo explica no versículo 4, nossa justiça é ou/ou: ou merecida por nossas obras, ou atribuída sem levá-las em consideração. Quando alguém recebe dinheiro, isso é ou consequência do seu trabalho — um salário — ou nada tem que ver com trabalho — um presente. O salário não é atribuído, concedido liberalmente, pois é devido, é uma "obrigação". Se a salvação não for um dom, então Deus está obrigado a nos salvar, assim como seu empregador é obrigado a lhe pagar. E isso, claro, vai contra o sentido da Bíblia como um todo (até mesmo de Gn 15.6!).

---

[1] *The Epistle to the Romans*, The New International Commentary Series (Grand Rapids: Eerdmans, 1996), p. 262.

O que é a fé que salva

Em contraste com o modelo "fé é igual a obediência", Paulo nos dá a fórmula: fé é igual a confiança na provisão salvadora de Deus. No versículo 5, ficamos sabendo que a fé salvadora consiste em:

(1) o fim de um tipo de confiança, e
(2) o início de outro tipo.

Primeiro, a pessoa salva não trabalha (v. 5a). Isso não pode querer dizer que a pessoa salva despreza a lei (veja Rm 3.31). Deve, portanto, significar que o salvo não mais confia na obediência como um modo de ser salvo. O cristão é alguém que para de trabalhar para ser salvo, não alguém que para de trabalhar!

Segundo, a pessoa salva confia em Deus, que justifica o ímpio (v. 5). Isso quer dizer que o cristão é alguém que confia que Deus tem um modo de salvar que não depende dos nossos esforços.

Portanto, a fé salvadora é uma "transferência de confiança". É a remoção das esperanças e da confiança da pessoa em outras coisas para depositá-las em Deus como salvador. O versículo 5 conclui dizendo que, se pararmos de confiar em nós mesmos como justificadores e começarmos a confiar em Deus como justificador, o resultado é justiça atribuída.

Ainda hoje, muitos comentaristas judeus consideram desconcertante a definição de fé de Paulo. Um deles, Hans-Joachim Schoeps, escreve: "A fé se torna [i.e.: é equivalente a] uma obediência fervorosa na questão da observância da lei [...] [A posição de Paulo], de oposição absoluta entre fé, de um lado, e a lei, do outro [...], sempre foi ininteligível para o pensador judeu".

Abraão creu em Deus

Abraão não foi salvo por apenas crer em Deus. O versículo 3 nos lembra: "... Abraão creu em Deus..."; mas ele também é o homem do versículo 5, que "... crê naquele que justifica o ímpio...". Fé salvadora não consiste em crer que Deus existe.

Também não é crer em um Deus que salva. É crer em Deus quando ele promete um caminho de salvação pela graça.

Você pode ter toneladas de uma fé vigorosa de que Deus existe, de que ele é amoroso, de que é santo. Pode crer que a Bíblia é a Palavra santa de Deus. Pode demonstrar grande reverência por Deus. No entanto, o tempo todo, pode ser que você esteja buscando ser seu próprio salvador e justificador crendo em seu desempenho religioso, seu caráter moral, sua vocação, a criação de filhos etc.

Dizer que a fé salvadora é uma "transferência de confiança" é ver com consciência onde sua fé está, remover suas esperanças e confiança nessas coisas e depositá-las em Deus como Salvador em particular (não só nele como Deus em geral).

Em *Evangelismo explosivo*, D. James Kennedy sugere começar com uma pergunta, se você quiser compartilhar o evangelho com alguém:

> Imagine que você fosse morrer esta noite e comparecer diante de Deus, e ele perguntasse: "Por que eu deveria deixá-lo entrar no céu?". O que você diria?[2]

Outra versão da pergunta seria: "Presumindo por um instante que existe de fato um céu, quais você acha que são os requisitos gerais para ingresso nele? Quem entra e quem não entra?".

Qualquer pessoa que faça uma dessas perguntas a uma amostra aleatória de frequentadores de igreja se surpreenderá com o grande número que daria uma das seguintes respostas:

(a) "Porque dei o meu melhor para ser um bom cristão."
(b) "Porque acredito em Deus e tento fazer sua vontade."
(c) "Porque creio em Deus de todo meu coração."

---

[2]*Evangelism explosion* (Carol Stream: Tyndale House, 1973), p. 21 [edição em português: *Evangelismo explosivo* (São Paulo: Evangelismo Explosivo Internacional no Brasil, 2007)].

Não se trata de uma pegadinha. A pergunta revela concepções erradas acerca do que significa crer, ter fé. A resposta (a) está relacionada com a "salvação pelas obras". A resposta (b), com a "salvação por fé mais obras". A resposta (c), com a "salvação pela fé como obra". Em cada caso, as pessoas são religiosas, mas não alguém "... que não trabalha..." (v. 5); não fizeram uma verdadeira transferência de confiança. No último caso, as pessoas passaram a confiar na própria confiança! A cada alternativa, no entanto, falta a libertação gloriosa do evangelho. Esses falsos entendimentos da fé salvadora levarão à insegurança, à ansiedade, à falta de uma garantia, a um possível orgulho espiritual, à suscetibilidade à crítica e a uma devastação à luz de quaisquer deslizes morais!

Portanto, essa definição de fé vai tanto contra a pessoa religiosa quanto contra a irreligiosa. Por fora, uma parece ter fé e a outra, não. Mas a pessoa religiosa pode estar igualmente perdida, jamais tendo confrontado a própria confiança na autojustificação.

O que a fé salvadora *é* faz total diferença. Se fé é igual a obediência, você está depositando sua fé em si mesmo e em suas capacidades. Isso o levará à vanglória e ao orgulho (ou ao desespero e ódio por si mesmo, se fracassar). Mas se fé for igual a confiar na promessa de salvação de Deus, então você está depositando sua fé em Deus e na capacidade dele. Isso leva à humildade e à confiança — que é (como veremos) o que "... Abraão [...] alcançou...".

> O que a fé salvadora é faz total diferença.

Perdão bendito

"Assim também Davi fala..." (v. 6), Paulo continua. Davi tinha vários motivos para se gloriar: era rei, aumentara as fronteiras da nação, trouxera paz e estabelecera Jerusalém como sua capital, com a arca da presença de Deus no centro. Contudo, ele também tinha muitos motivos para ser esmagado por sua condição de pecador: era adúltero e, utilizando-se de conspiração, um assassino (2Sm 11). Mas esse homem forte, pecador, havia descoberto a "... bem-aventurança do homem a quem Deus atribui a justiça sem as obras...". Nos versículos 7 e 8, Paulo cita as palavras de Davi no salmo 32. Observe que Davi não diz: "Bem-aventurados aqueles que não transgridem, que pela obediência evitam o pecado". Ele se reconhece um transgressor, um pecador — e, no entanto, ainda é bem-aventurado, por ser um "... homem a quem o Senhor nunca atribuirá o pecado" (v. 8). Estar em um estado de justiça atribuída significa que seu pecado não é contado (*logizomai*) contra você. Embora peque, seu pecado não pode condená-lo; não afeta seu status diante de Deus.

Conhecer a bênção da justiça atribuída é a única maneira de ser liberado para enxergar a si mesmo de verdade. Sem ela, ou ignoraremos a verdade de que Deus é justo e só aceitará uma vida justa, ou seremos esmagados por essa verdade. Ignoraremos nossas transgressões, ou as desculparemos ou nos desesperaremos diante delas. Mas, se tivermos a fé salvadora, podemos ser verdadeiros em relação a nós mesmos, no que diz respeito a nossas falhas e nossos fracassos; e podemos nos levantar quando falharmos, porque conhecemos a bênção de sermos pecadores cujos pecados não são atribuídos — pecadores que são justos.

> Se tivermos a fé salvadora, podemos ser verdadeiros em relação a nós mesmos.

Perguntas para reflexão

1. Se Deus lhe perguntasse "Por que eu deveria deixá-lo entrar no meu céu", o que você diria?

2. Como você definiria a fé? Essa definição mudou com a leitura de Romanos 4?

3. Como você vivencia a bênção do perdão? Há coisas que fazem com que você se esqueça dela ou não lhe dê o devido valor?

SEGUNDA PARTE
Salvação, circuncisão e lei

No versículo 9, Paulo ainda está pensando na bem-aventurança do perdão (v. 7,8), ao retomar a discussão do que "... Abraão [...] alcançou" (v. 1). Ela é "... somente para os da circuncisão, ou também para os da incircuncisão?..." (v. 9). A visão que ele parece combater sugere que a "fé" de Abraão incluía a circuncisão. Os judeus viam a circuncisão como sinal de que o homem era membro da nação judaica. Era um símbolo religioso e cultural da condição de pertencer a Deus e de ser solidário com o povo hebreu.

Assim, se a justiça de Deus lhe fora atribuída "... quando ele foi circuncidado..." (v. 10), então seria possível argumentar que Abraão "descobriu" haver um ato (a circuncisão) sobre o qual se baseava sua justiça, e/ou que essa justiça só estava disponível para os judeus, o antigo povo de Deus.

Mas, na verdade, o texto diz: "... não quando [Abraão] foi circuncidado, mas quando ainda era incircunciso"! (v. 10). A justiça já havia sido atribuída a Abraão em Gênesis 15.6, embora ele não tenha sido circuncidado antes de Gênesis 17. A circuncisão não era uma condição para ele ser considerado justo; ela era "... o sinal [...] como selo..." (v. 11) do que ele já era, "pela fé" somente. Era o sinal físico da realidade espiritual; e essa realidade não dependia de se ter o sinal.

Portanto, Paulo conclui nos versículos 11 e 12, se Abraão foi salvo pela fé sem a circuncisão, então as pessoas não judias incircuncisas também serão salvas por essa mesma fé, sem circuncisão. A cronologia da vida de Abraão é prova concreta do princípio já estabelecido por Paulo em Romanos 3.29,30 — de que Deus é o Deus de judeus e gentios e justifica a ambos com a mesma base, "... por meio da fé...".

> A vida de Abraão é prova concreta de que Deus é o Deus de judeus e gentios.

Nos versículos 13 a 17, de novo Paulo compara os dois modelos de fé. "Porque não foi pela lei..." — não pela obediência — que Abraão recebeu a promessa "... de que [...] havia de ser herdeiro do mundo...". Como podia ser isso? A "lei" fora dada por Deus a Moisés, cerca de quinhentos anos depois que Abraão viveu e foi salvo. Ele não podia ter obedecido à lei mosaica, uma vez que ela ainda não existia. Então, como ele foi salvo? Pela confiança nas promessas de Deus.

Na verdade, a lei *não pode* ser o caminho para a salvação. "Pois, se os que vivem pela lei são herdeiros, esvazia-se a fé, anula-se a promessa. Porque a lei produz a ira..." (v. 14,15). Se você vive pela lei, não pode receber o prometido (porque está confiando no salário, em vez de receber o presente). Se a promessa repousa sobre qualquer tipo de obediência à lei, ela é "inútil" — pois ninguém obedece à lei (como Paulo já demonstrou à exaustão nos capítulos 2 e 3). A lei só pode nos mostrar onde deixamos a desejar — que é provavelmente o que Paulo está dizendo na frase estranha no fim do versículo 15: "... onde não há lei também não há transgressão". Ele não quer dizer com isso que, se alguém não conhece a lei, não pode ser culpado de pecado. Mas, sim, que a transgressão carrega o sentido de uma contravenção deliberada e consciente de um limite. Se invado uma propriedade particular, sou culpado da invasão. Porém, se deparo com uma placa anunciando "Propriedade particular. Mantenha distância" e invado essa propriedade, então sou um transgressor:

conhecendo a lei explícita, eu a infringi. Conhecer a lei não nos torna herdeiros; só nos torna duplamente culpados.

> Conhecer a lei não nos torna herdeiros; só nos torna duplamente culpados.

"Por essa razão, a promessa procede" — e *só pode* proceder — "da fé, para que seja segundo a graça..." (v. 16). Como a fé salvadora é uma confiança nas promessas de Deus, a salvação chega até nós "... garantida..." (v. 16, NVI), uma vez que depende da promessa de Deus, não da nossa obediência — e está disponível em igual medida para judeus ("os que são da lei") e para não judeus ("aos que são [só] da fé que Abraão teve"). Como no versículo 3, Paulo mostra que seu argumento se prova pelas Escrituras do Antigo Testamento: Deus prometeu fazer de Abraão "... pai de muitas nações..." (v. 17; veja Gn 17.5); como nosso pai na fé, ele agora tem filhos pelo mundo inteiro. Restringir a oferta de salvação a Israel é contradizer as promessas de Deus.

Abraão: um estudo de caso da fé

Paulo conclui suas considerações sobre Abraão no trecho que vai do versículo 17b ao 25, apresentando-o como um estudo de caso da fé real, viva, a fim de que prossigamos como seus "filhos". O que significa "crer em Deus"? Abraão nos mostra que é fazer três coisas:

1. *Saber que a realidade é maior do que o modo como nos sentimos ou como as coisas parecem ser.* Abraão "... considerou que o seu corpo já não tinha vitalidade..." (v. 19a). Deus lhe prometera descendentes (Gn 12.2,7), no entanto ele não tinha nenhum: "... (pois já contava com cem anos), e o ventre de Sara já não tinha vida" (v. 19). Em outra parte, Paulo diz: "porque vivemos pela fé e não pelo que vemos" (2Co 5.7). Fé não é o oposto de razão, mas, às vezes, é o oposto de sentimentos e aparências. Abraão olhou para o próprio corpo, que lhe pareceu desesperador. Mas ele não vivia de aparências. Isso nos mostra que a fé não é um simples otimismo em relação à vida em geral, tampouco é fé no próprio eu. É o contrário. Ela começa com uma espécie de morte para a autoconfiança. Fé é continuar alguma coisa a despeito da nossa fraqueza, apesar dos nossos sentimentos e das nossas percepções.

2. *Concentrar-se nos fatos acerca de Deus.* Apesar da aparente impossibilidade de as promessas serem mantidas, Abraão deu "... glória a Deus, plenamente certo de que ele era poderoso..." (v. 20,21). Isso mostra que a fé não é a ausência de raciocínio, mas, sim, uma profunda insistência em agir a partir da reflexão calculada, em vez da simples reação às circunstâncias. Abraão ponderou e considerou o poder de Deus. Acreditava que o Deus que lhe prometera um filho era o "... Deus que dá vida aos mortos e chama à existência as coisas que não existem..." (v. 17). Podemos imaginá-lo raciocinando: "Se existe mesmo um Deus criador (e eu sei que existe), ele deve ter todo o poder — um poder sem limites. Deus sabe que Sara e eu estamos velhos, mas foi ele quem pendurou o sol e a lua e espalhou as estrelas como areia com ambas as mãos. É ridículo eu achar que nossa idade representa um obstáculo para um ser assim!". Fé é pensar em Deus, concentrar-se nos fatos acerca dele. Claro, temos muito mais fatos relacionados com Deus em que nos concentrar, bem maiores demonstrações do seu amor e poder. Sabemos que Deus fez do útero estéril de Sara um lugar de vida (Gn 21.1,2); e sabemos que, soberanamente, ele devolveu o próprio Filho à vida. Temos muito mais em que nos apoiar do que Abraão tinha ao considerar quem é Deus e do que ele é capaz!

3. *Confiar na Palavra nua de Deus.* Abraão cria "... que [Deus] era poderoso para realizar o que havia prometido" (v. 21).

"Crer em Deus" não é pensar em Deus apenas, mas confiar em sua palavra. De fato, é tomar Deus por sua palavra, mesmo quando não existe mais nada em que se apoiar — quando os sentimentos, a opinião popular e o senso comum parecem contradizer a promessa dele. É olhar para o que Deus disse e deixar que isso defina a realidade para você.

Abraão nos mostra o caminho para fortalecer nossa fé:

1. Saiba muito mais sobre Deus! Estude, reflita, medite. Abraão conseguiu vencer seu senso de fraqueza deduzindo coisas com base no que ele sabia sobre Deus. Você precisa fazer a mesma coisa.

2. Aja com base nas promessas e na palavra de Deus, mesmo quando for difícil. Fé é viver considerando essas promessas como verdades. Por exemplo, você doa seu dinheiro com generosidade, embora possa parecer arriscado em termos econômicos, em virtude da promessa de Deus de cuidar de quem dá generosamente (Ml 3.9,10). Você diz a verdade, embora isso possa lhe custar um amigo ou o favor de um círculo em particular, pois sabe que isso agrada a Deus, que é Senhor da história e tem nas mãos o coração de todas as pessoas.

A vida de Abraão também nos lembra como é a verdadeira vida de fé. Paulo diz que "... diante da promessa de Deus, [Abraão] não vacilou em incredulidade..." (v. 20). Contudo, uma leitura rápida do relato de sua vida em Gênesis sugere que ele vacilou, sim! Ele duvidou da promessa de Deus (Gn 15.2) e mentiu sobre quem era Sara (Gn 12.10-16). Mais que isso, tentou concretizar por si mesmo a promessa de Deus de lhe dar um filho, dormindo com a serva de Sara, Agar (Gn 16).

Abraão nem sempre vivia sua fé. Sua obediência não era perfeita, sua confiança variava; mas a fé que tinha jamais se extinguia. Ele se apegou às promessas de Deus mesmo nas próprias falhas e nos próprios fracassos — e, ao fazê-lo, "... foi fortalecido na fé..." (v. 20). Ele era capaz de olhar para um erro e dizer: "Isso me lembrou de que minha única esperança é confiar na promessa de Deus, e confiar em Deus para cumprir essa promessa".

A vida de fé não é a vida perfeita; é a vida que se apega ao que Deus disse que fará, e que vê as lutas, as alegrias e os fracassos como meios de aumentar nossa conexão com o Deus que faz promessas e as cumpre. Assim é a fé, a qual, no momento em que depositamos nossa confiança nas promessas de Deus, nos é "... [atribuída] como justiça" (v. 22).

> A vida de fé não é a vida perfeita; é a vida que se apega ao que Deus disse que fará.

O ensino de Paulo é que o trecho maravilhoso de Gênesis 15.6 "... não é só por causa dele [Abraão] que está escrito [...] mas também por nossa causa, a quem a justiça será atribuída..." (v. 23,24). Como é a fé salvadora aos nossos olhos? É crer "... naquele que ressuscitou dos mortos a Jesus..." (v. 24), e confiar na promessa de Deus de que a morte e a ressurreição de seu Filho foi "... por causa das nossas transgressões e [...] para a nossa justificação" (v. 25). A fé de Abraão estava na promessa de um descendente; nossa fé está no que Deus diz que um de seus descendentes realizou. Essa é a promessa que deve definir nossa realidade e moldar nossa vida.

A diferença que a justificação faz

Ao convocar Abraão e Davi como testemunhas para sua tese, Paulo provou que a justificação pela fé começou antes da circuncisão e antes da lei — que ela foi, continuou sendo e deve sempre ser uma justiça atribuída àqueles com fé salvadora.

Ao provar isso, Paulo também demonstrou diversas consequências que há em ser justificado pela fé, coisa que ele continuará a fazer no próximo capítulo:

Romanos 4.1-25

- *Nenhuma vanglória.* Nossa justiça é atribuída; recebida. Saber disso nos leva a dar glória a Deus e ter uma humildade cheia de esperança acerca de nós mesmos (v. 2,3,20).
- *Nenhuma covardia.* Sabemos que somos pecadores e que nossos pecados são cobertos. Não temos os pecados contados contra nós — antes, temos a justiça atribuída a nós. Isso produz a bênção da alegria grata e da profunda segurança (v. 6-8).
- *Uma grande identidade.* Estamos incluídos no grande plano do que Deus está fazendo na história humana, como filhos de Abraão, pelo fato de termos a fé que ele tinha (v. 12-17). Isso produz um grande propósito e a compreensão do que estamos fazendo no mundo.
- *Plena confiança.* A promessa de herdar a terra — de desfrutar da vida eterna em um mundo renovado — é de graça e repousa sobre o poder de Deus de cumprir promessas, não sobre nosso desempenho (v. 16). Isso nos capacita a viver sem medo do futuro e sem nos desesperarmos com nossos fracassos.
- *Esperança quando a esperança se foi.* Não havia nenhuma esperança para Abraão e Sara — exceto a esperança das promessas de Deus, e essa era toda a esperança de que necessitavam (v. 18). Não temos nenhuma esperança de vida eterna, exceto o fato de Deus ter prometido em Cristo que podemos ser justificados. Podemos enfrentar a perda de coisas de que gostamos e sofrer quando aqueles a quem amamos são levados. Contudo, não perdemos a esperança nem sentimos que a vida não vale a pena ser vivida. Quem crê em Deus consegue enfrentar qualquer coisa e dizer: "Ainda tenho as promessas de Deus — e isso basta".

Romanos 4.1-25

Perguntas para reflexão

1. Quanto o fato de ter uma esperança que ultrapassa toda a esperança humana te enche de ânimo e consolo de modo particular?

2. Você é capaz de pensar em maneiras pelas quais recentemente agiu por fé, mesmo quando foi difícil? Você está sendo chamado para fazer isso neste exato momento?

3. Reflita sobre a lista de maneiras pelas quais a justificação nos transforma, apresentada anteriormente. Qual dos pontos é mais precioso para você hoje? Por quê? Qual desafia mais o modo como você vê a si mesmo e à sua vida? Por quê?

ROMANOS ▪ CAPÍTULO 5 VERSÍCULOS 1-11

8. O QUE A JUSTIFICAÇÃO PROPICIA

A justificação faz diferença. Toda diferença — não só em relação ao lugar para onde estamos indo, mas também ao modo como agimos e nos sentimos em nosso presente, tanto nos dias bons quanto (e aqui a surpresa é maior, e maravilhosa) nos maus. A esses benefícios presentes da justificação Paulo se volta agora, no início de Romanos 5.

Uma vez justificados

O versículo 1 tem uma introdução dupla. "Portanto...", Paulo começa — em outras palavras, os versículos que seguem são consequência de verdades que ele acabou de estabelecer. E continua: "... justificados pela fé..." — as consequências serão os benefícios advindos da grande doutrina da justificação pela fé que Abraão e Davi conheceram e pela qual viveram, por fim vista e assegurada eternamente na cruz. Paulo está dizendo: "À luz de tudo que temos visto, eis três realidades que a justificação produz...".

Primeira, a paz com Deus (v. 1). Não se trata aqui da paz *de* Deus (Fp 4.7). A paz *de* Deus é um coração tranquilo e satisfeito em meio a problemas e pressões. É a paz em relação às preocupações do mundo. Uma paz SUBJETIVA. Já a paz *com* Deus significa que agora se acabaram as hostilidades entre Deus e nós. Ela é a paz em relação a Deus. É OBJETIVA e ocorre independentemente de eu me sentir feliz e em segurança.

"Paz com Deus" significa que, até a salvação, há uma guerra sendo travada entre Deus e nós. Quando desobedecemos a Deus, duas coisas acontecem. A primeira é que, ao pecar, não só infringimos a lei de Deus como também nos arrogamos o direito ou a autoridade de fazê-lo — reivindicamos a soberania sobre nós mesmos e nosso mundo. Acontece que Deus se declara rei sobre as mesmas coisas. Sempre que dois lados reclamam o controle monárquico absoluto sobre algo, há guerra. A segunda coisa que acontece: nossa desobediência significa que Deus tem um problema conosco. Não se trata apenas de lhe sermos hostis. Paulo já nos disse que a ira de Deus é contra nós (Rm 1.18). Como vimos em Romanos 1, a ira de Deus não é a mesma que a nossa. Ela não se vinga nem vai à forra; ela é legal. Existe uma sentença contra nós, e ela não pode ser descartada como se não fosse nada. A dívida não desaparece por força da vontade.

Por isso não podemos simplesmente dar as costas para Deus, como se nós, unilateralmente, pudéssemos fazer tudo que é necessário para estarmos em paz outra vez. Necessitamos que se torne verdade que "... fomos reconciliados com Deus [...] [e estamos] já reconciliados..." (v. 10) — que sua ira foi afastada. Paz com Deus não é algo que conquistamos.

Segunda realidade: o "... acesso pela fé a esta graça, na qual estamos firmes..." (v. 2a). O termo grego aqui, *prosagoge*, tem o sentido de "aproximar" ou "apresentar". Só podemos desenvolver um relacionamento pessoal com um DIGNITÁRIO poderoso, se alguém nos apresenta a ele. Acesso à graça significa que nos é concedida uma posição favorável a partir da qual desenvolvemos um relacionamento pessoal. Em Cristo, somos conduzidos ao interior da sala do trono real, e nela nos postamos

Romanos 5.1-11

— permanecemos. Aonde quer que vamos no mundo, estamos sempre na sala do trono celestial.

> Aonde quer que vamos no mundo, estamos sempre na sala do trono celestial.

Isso vai além da "paz com Deus", que foi o fim da hostilidade. A justificação não é a mera remoção de algo negativo (a hostilidade) — ela tem um aspecto positivo: o relacionamento. Isso é amizade com Deus. Podemos agora ir a Deus continuamente com nossos pedidos, nossos problemas e nossos fracassos; ele nos ouve e se relaciona conosco.

Terceira realidade: temos a esperança da glória de Deus (v. 2b). Trata-se de uma clara antecipação do compartilhamento da glória futura de Deus. A palavra "esperança" é fraca. "Esperar" quer dizer desejar algo sem a certeza de recebê-lo. Mas o termo grego subjacente *elpis* indica uma convicção. A esperança cristã não é uma aspiração — mas, sim, uma certeza carregada de esperança.

Esse benefício aparece em terceiro lugar porque, quanto mais experimentamos nossa paz e nosso acesso ao Pai, mais ávidos nos tornamos de vê-lo face a face, mais convictos ficamos acerca da expectativa de glória e de céu e mais nos sentimos entusiasmados com ela. Em si, "céu" pode ser uma ideia abstrata e insossa. Mas, se provar do "acesso" a Deus e perceber o quanto é inebriante receber duas gotas que seja de sua presença em sua língua, você desejará beber dessa fonte. Esse desejo, esse foco e essa jubilosa certeza de futuro são chamados de "esperança de glória".

Observe que esses três benefícios da justificação são os três tempos verbais da nossa salvação. Em Cristo, fomos libertos do nosso passado (nosso antigo registro de rebeldia e pecado é descartado e temos paz com Deus); somos libertos no presente para desfrutar de um relacionamento pessoal com Deus; e, um dia, com toda certeza, experimentaremos a liberdade de viver na presença plena e impressionante da glória de Deus.

Alegria nas tribulações

Esses benefícios são maravilhosos — mas a vida é complexa e inclui dor tanto quanto prazer. Quando a vida caminha "para cima", conseguimos provar esses benefícios e desfrutá-los. Mas, quando as coisas estão "para baixo", que diferença fazem paz, acesso e glória futura?

Segundo Paulo, "toda diferença". Gloriamo-nos na esperança da glória (v. 2); mas não só isso, pois ele vai em frente (v. 3): "... mas também nos gloriamos nas tribulações...". O que Paulo está dizendo é: "Além de termos essas alegrias, elas permanecem alegrias em nossa dor, e até nos ajudam a encontrar alegria em nossa dor".

Paulo não diz que nos regozijamos *por causa das* nossas tribulações, pois isso seria masoquismo. Na verdade, é possível que alguém se regozije na tribulação: algumas pessoas precisam se sentir castigadas a fim de lidarem com seu senso de desmerecimento e culpa. Outras mantêm uma atitude superior em relação a quem teve uma vida mais fácil; elas os consideram superficiais ou ingratos.

Também é possível usar a tribulação como uma obra; como outra forma de justificação pelas obras! Alguns têm a sensação de que Deus lhes deve seu favor e aceitação porque tiveram uma vida dura. Pessoas que não "processam" o próprio sofrimento por meio do evangelho da graça podem se tornar orgulhosas e superiores ou donas de um ceticismo profundo.

Os cristãos, todavia, se gloriam *na* tribulação. Quer dizer que não há nenhuma alegria nos problemas em si. Deus odeia a dor e os problemas desta vida, e deveríamos fazer o mesmo. Aliás, o cristão sabe que o sofrimento terá resultados benéficos. Ele não é um estoico, que enfrenta a tribulação limitando-se a cerrar os dentes. Seu olhar "passa através" da tribulação e focaliza suas certezas. Ele descansa no conhecimento de que as tribulações só farão crescer sua satisfação com essas certezas e o apreço por elas.

Quais são os resultados positivos da tribulação? Lembre-se de que Paulo está nos contando como a tribulação afeta a pessoa que se sabe justificada estritamente pela graça, não pelas obras. Nesse caso, ele afirma que a tribulação dá início a uma reação em cadeia:

1. A tribulação leva à "perseverança" (v. 3). Essa palavra na verdade significa "determinação". A tribulação nos dá "foco" — ela nos ajuda a nos concentrar no que é de fato importante. Faz-nos lembrar do que é duradouro de verdade, auxiliando-nos a realinhar prioridades e assim por diante. Ela afasta as distrações.
2. A "perseverança" leva à "aprovação" (v. 4). Trata-se de uma característica da confiança que vem quando se passa por uma experiência. Ela só acontece quando se vai até o fim e se cumpre o próprio dever apesar de tudo. E o resultado é um equilíbrio crescente que só a experiência pode dar. Por exemplo, uma equipe esportiva novata em jogos de decisão de campeonato pode ter um mau desempenho porque nunca esteve nessa posição antes. Mas a equipe "aprovada", que vivenciou os jogos de decisão em temporadas anteriores, ficará menos nervosa. Tem um bom desempenho porque já passou por isso. Note que, sem o primeiro passo, o segundo não acontece. A tribulação, se primeiro o conduzir a fixar o foco em Deus e nas prioridades adequadas, levará a uma maior confiança quando chegar a hora.
3. Tudo isso leva ao crescimento em "esperança", que é uma certeza mais forte e uma convicção da própria paz, do

acesso a Deus e da glória futura. A tribulação retira de nós fontes rivais de confiança e esperança; outros lugares a que poderíamos recorrer para obter nosso senso de que, no fundo, tudo vai bem e nosso futuro será bom. Nossa tribulação nos leva ao único lugar onde encontramos esperança real, confiança real e certeza: Deus.

A inclusão do versículo 5 por Paulo logo após os versículos 3 e 4 parece querer dizer que os cristãos que se concentram exclusivamente na oração e na obediência a Deus, e, portanto, crescem em confiança, experimentarão mais do seu amor durante a tribulação — um derramamento de amor sobre seus corações. Muitos testemunham sentir mais da presença e do amor de Deus durante a tribulação porque ela faz com que se concentrem e confiem mais nele.

Eis uma declaração impressionante de Paulo. Ao demonstrar que a tribulação dá início a uma reação em cadeia que conduz à esperança (um dos frutos da justificação), ele está dizendo que os benefícios da justificação não são diminuídos, mas ampliados, pela tribulação. Em outras palavras, se você enfrentar a tribulação com um entendimento claro da justificação só pela graça, sua alegria nessa graça se aprofundará.

> Os benefícios da justificação não são diminuídos, mas ampliados, pela tribulação.

De outro modo, se encarar a tribulação com a mentalidade da justificação pelas obras, em vez de fortalecê-lo, a tribulação o destruirá.

Reflita em como a tribulação afeta as pessoas que buscam a salvação pelas obras. Os autojustificadores estão sempre em um nível profundo de insegurança, pois sabem que não vivem à altura dos próprios princípios, mas são incapazes de admiti-lo. Assim, quando vem a tribulação, na mesma hora acham que estão sendo castigados por seus pecados. Não conseguem confiar no amor de Deus (v. 5). Como sua crença de que Deus os ama tem base inadequada, a tribulação os despedaça. Ela os afasta de Deus, em vez de levá-los para junto dele. É quando sofremos que descobrimos em que, de fato, confiamos e esperamos: nós mesmos ou Deus.

Estudo de caso

Que diferença isso faz para cada um de nós, em nossas circunstâncias particulares? Pense em uma dificuldade ou provação específica que você já experimentou como cristão (pode ser algo que está vivenciando neste exato momento). Considere-a seu "estudo de caso" pessoal e pergunte-se:

1. Ela me levou a fixar o foco, à determinação? Ajudou-me a separar o desimportante do importante? Contribuiu para que eu concentrasse mais a atenção na oração e no que Deus tem feito em meu favor?
2. Minha tribulação produziu aprovação? Fui até o fim apesar de meus temores? Em outras palavras, ela trouxe uma espécie de maturidade e de confiança que só vêm quando atravessamos tudo isso? Sou uma pessoa menos inquieta e amedrontada?
3. Ela me levou a uma experiência mais profunda da presença e do amor de Deus? Descobri maior intimidade, um senso de proximidade?

Se sua tribulação não o levou a isso, analise o motivo.

Foi um fracasso da vontade? Você falhou pelo simples fato de não passar tempo com Deus em adoração e reflexão? Ou desobedeceu-o de alguma forma para fugir da austeridade da situação?

Foi um fracasso em compreender o evangelho? A tribulação o fez duvidar do amor de Deus? Essa é uma reação natural, mas você chegou a se livrar dela? A velocidade com que faz isso é um indício do quão bem você entende a justificação.

Lembre-se de que Deus pode usar a tribulação para "despertar" a pessoa para algum pecado — como uma espécie de "intervenção". Mas as intervenções só são feitas por amor. Deus pode tratá-lo — e o fará — de maneira agressiva, se você necessitar, como um pai amoroso faz com o filho desobediente (mas tudo por profunda preocupação). Se você é cristão, Deus depositou sua punição sobre Cristo. Toda a ira dele contra você recaiu sobre o coração de Jesus e nele foi tragada e absorvida. Desapareceu para sempre. Da parte dele, não resta contra você nenhuma ira. Você está livre para enxergar suas tribulações, não como se Deus estivesse esmagando você, mas como se ele o estivesse levando a apreciar muito melhor os benefícios de que você desfruta como seu filho. Você está livre para enxergar as tribulações (enquanto elas acontecem, não apenas posteriormente) de um modo que só a fé no evangelho produz: como algo que não toca sua alegria, pois o que você perdeu na tribulação (conforto, saúde, riqueza e assim por diante) não era onde reside sua alegria.

Perguntas para reflexão

1. De que maneira você está desfrutando da amizade com Deus hoje?
2. Responda às perguntas do estudo de caso.
3. Existe um sofrimento ou uma decepção em sua vida que você enxerga como um castigo divino, em vez de enxergar Deus trabalhando para aproximar você dele?

Romanos 5.1-11

SEGUNDA PARTE

Segurança real

No versículo 5, Paulo (como acontece com muita frequência em Romanos) antevê uma série de perguntas: "Como saber realmente que essa esperança de glória é certa?"; "Como saber que você não está apenas desejando que seja verdade?"; "Como se *sabe* que ela é verdade?".

> Como saber que essa esperança é certa? Como saber que você não está apenas *desejando* que seja verdade?

Paulo nos mostra, como vemos em toda a Bíblia, que a base cristã da segurança tem dois lados: um deles interno e subjetivo, e o outro externo e objetivo. E ambos são necessários.

Primeiro, o versículo 5 nos diz que podemos saber que Deus nos ama em virtude da experiência do seu amor: "... a esperança não causa decepção, visto que o amor de Deus foi derramado em nosso coração...". Isso acontece por intermédio do Espírito Santo. Ou seja, todo cristão tem alguma experiência interior do amor de Deus. A linguagem de Paulo mostra que essa pode ser uma experiência bastante forte, embora também amena e gentil ao mesmo tempo (o que é mais comum).

Quanto maior é sua experiência interior de amor, maior é sua segurança, sua esperança e seu poder. Em geral, quem tem mais são as pessoas muito experimentadas e disciplinadas em oração, meditação, equilíbrio de vida e obediência.

Alguns cristãos têm vivenciado essa segurança de maneira muito poderosa. Richard Sibbes, um PURITANO inglês do século 17, escreveu de forma comovente sobre a obra do Espírito. Segue uma paráfrase:

> Às vezes, nosso estado emocional não aguenta em meio às provações. Assim, de vez em quando, o testemunho imediato

do Espírito se faz necessário. Ele chega dizendo "Eu sou tua salvação!", e nosso coração é estimulado e confortado com alegria inexprimível. Essa alegria tem estágios. Às vezes ela é tão clara e forte que não questionamos nada; outras vezes, as dúvidas logo vêm.[1]

Ou, como seu contemporâneo William Guthrie descreveu (parafraseio de novo):

> Não é uma voz audível, mas um raio de glória enchendo a alma de vida, amor e liberdade. Como a palavra para Daniel, que disse: "... homem muito amado!...". Ou como a palavra para Maria [Madalena, no primeiro domingo de Páscoa]. O Senhor se limitou a pronunciar seu nome, MARIA, e encheu sua alma, de modo que ela não mais duvidou que lhe pertencia! Ó, quão gloriosa é essa manifestação do Espírito![2]

Segundo, os versículos 6 a 8 nos ensinam que podemos saber que Deus nos amou por causa da morte de Jesus. Trata-se de um fato histórico que "... quando ainda éramos fracos..." — pecadores e, no nosso caso, ainda nem nascidos — "... Cristo morreu pelos ímpios..." (v. 6). O rei prometido de Deus abriu mão de tudo — da própria vida — em benefício do povo que o rejeitara. Paulo está defendendo um argumento que todos deveríamos ter muito claro na mente. É o seguinte:

- v. 7a: seria preciso uma pessoa muito amorosa para morrer a fim de salvar outras. É raríssimo alguém morrer

---

[1] *The work of Richard Sibbes* (Edinburgh: Nicol Edition, 1923), vol. 5, p. 440.
[2] *The Christian's great interest* (Edinburgh: Banner of Truth, 1969), p. 108-9.

no lugar de um justo — mas se esse justo também fosse carinhoso, gentil e bom, talvez até acontecesse. Mas mesmo uma pessoa muito amorosa não morreria por um malfeitor. Por alguém muito bom, é possível; mas por alguém mau e perverso? Não.

- v. 8: aqui está, então, o único gesto que prova de forma cabal que Deus nos ama: sendo ainda pecadores — parte de uma raça humana que se rebelava contra ele e lhe resistia —, Cristo escolheu, pela vontade do Pai, morrer por nós.

"Portanto", Paulo está dizendo, "vocês podem saber objetivamente e sem sombra de dúvida que Deus os ama — mesmo que seus sentimentos ou a aparência das circunstâncias de sua vida os levem a duvidar".

Você vai chegar lá

Alguém poderia ser levado a questionar, pelos versículos 1 e 2: "Sei que tenho paz e amizade com Deus agora e que, quando for para o céu, terei glória com Deus. Mas como saber se chegarei lá? Como saber se aguentarei até lá?".

Nos versículos 9 e 10, Paulo nos assegura que a obra de Cristo em favor da nossa salvação não só nos dá esperança para nosso futuro final, como também para nosso futuro imediato. Somos assegurados de que nossa condição de "salvos" será preservada por toda a nossa vida e até o dia do juízo.

O argumento de Paulo é muito forte. Ele entrelaça dois argumentos nesses dois versículos. Primeiro, se Jesus permaneceu sobre a cruz e nos salvou "... quando éramos inimigos..." (v. 10), então "... muito mais..." ele nos manterá salvos agora que somos seus amigos ("... justificados pelo seu sangue...", v. 9). Se ele foi capaz de nos salvar quando lhe éramos hostis, haveria de nos abandonar agora que somos amigos? Se não desistiu de você na época em que guerreava contra ele, o que você poderia fazer para levá-lo a desistir agora que estão em paz?

(A ira de Deus do versículo 9 deve ser sua ira futura, no dia do juízo, pois ela já foi desviada dos cristãos — veja Romanos 3.25,26).

Mais ainda, se Jesus conquistou nossa salvação quando estava morto, "... quanto mais agora..." (NVI) nos manterá salvos estando vivo (v. 10b)? Só no fim de Romanos 8, Paulo enfrenta a questão da "perda da salvação" de maneira completa. Mas aqui ele dá uma resposta indireta à questão. Afirma ser inconcebível que Cristo fracassasse em nos salvar no final. Como afirmará em Romanos 8.32: "Aquele que não poupou nem o próprio Filho, mas, pelo contrário, o entregou por todos nós, como não nos dará também com ele todas as coisas?". O Deus que nos trouxe à fé nos manterá seguindo em frente em nossa fé. O Deus que abriu o céu para nós garantirá que cheguemos lá.

> O Deus que abriu o céu para nós garantirá que cheguemos lá.

A alegria da justificação

Esses dez primeiros versículos do capítulo 5 nos presenteiam com uma série maravilhosa de benefícios proporcionados pela justificação. Conhecer os frutos presentes e futuros da justificação produz o que em nós? "... nos gloriamos em Deus por meio de nosso Senhor Jesus Cristo" (v. 11), pois somos aqueles que têm "... recebido agora a reconciliação" com Deus.

A alegria é a grande marca da pessoa justificada. É exclusiva do cristianismo porque

> A alegria é a grande marca da pessoa justificada.

não depende de circunstâncias ou desempenho. Se entregar o coração a qualquer coisa que não Deus, e nisso buscar a felicidade, você ficará desapontado. Cedo ou tarde, constatará que não é feliz, ou que sua felicidade é frágil e instável demais, e perceberá que essa coisa nunca poderá fazê-lo real e permanentemente feliz. Dirá, então: "Nunca mais. Não entregarei meu coração a isso outra vez". Mas o que fará depois disso? Ou você se voltará para alguma outra coisa e de novo se decepcionará, ou desistirá de buscar a felicidade e se tornará desinteressado, a ponto de não conseguir desfrutar de nada em absoluto. No fim, sem o evangelho, ou adoramos os prazeres do mundo, ou nos afastamos de todos eles.

O evangelho, no entanto, nos oferece Deus — e ele não muda. Como se expressou Agostinho, o bispo do quarto século, em oração: "Tu nos fizeste para ti mesmo, ó Senhor, e nosso coração se impacienta até descansar em ti". Podemos achar alegria em conhecê-lo, e ter paz e comunhão com ele, mesmo perdendo outras coisas que nos são caras. Podemos ansiar com absoluta certeza por nosso lar na glória; e podemos desfrutar de uma amostra dele — um *hors d'oeuvre* antes do prato principal — à medida que o Espírito Santo trabalha em nós para nos dar o conhecimento subjetivo do amor de Deus por nós. Então, com o coração descansando em Cristo — enquanto "... nos gloriamos em Deus por meio de nosso Senhor Jesus Cristo..."—, somos capazes de desfrutar de todo o bem deste mundo, sem nos decepcionarmos com ele nem nos desinteressarmos dele.

Se é assim, como conseguimos essa alegria? Conhecendo e vivendo a doutrina da justificação pela fé e nela meditando — amando as verdades desses onze versículos. À medida que conhecermos em maior profundidade o que temos, quem somos e onde nos encontramos pelo simples fato de termos sido "... justificados pela fé..." (v. 1), haveremos de descobrir que nos gloriamos na esperança certeira de estar com Deus, que nos gloriamos na tribulação e que nos gloriamos em Deus.

Os sinais de regozijo

Quais são os sinais de que você está se gloriando em Deus?

1. Sua mente tem profunda satisfação na doutrina da justificação pela fé. Você se gloria nela, estudando-a e falando sobre ela aos outros.
2. Você só pensa no passado como passado mesmo. Não diz: "Que confusão aprontei!". Em vez disso, comemora: "Eu, um cristão! Apesar dos meus defeitos profundos, apesar dos meus antecedentes! Ainda assim é a mais absoluta verdade!".
3. Quando você descobre em si alguma nova e surpreendente falha de caráter — um medo ou falta de autocontrole etc. —, essa descoberta não o leva a duvidar do amor de Deus. Antes, ela o faz se sentir mais próximo dele e sua graça se torna mais preciosa para você.
4. Quando sua consciência o acusa e indaga: "Como Deus poderia amá-lo depois do que você fez?", você não tenta responder com base em seu desempenho. Em outras palavras, você não diz: "Tive um dia ruim!" ou "Estava sob pressão!", mas, sim, algo do tipo: "Mesmo que não tivesse agido assim, não teria me tornado aceitável aos olhos de Deus de qualquer forma! Jesus morreu por mim, e seu sangue pode cobrir mil mundos cheios de pessoas mil vezes pior do que eu!".
5. Diante da crítica, você não protesta: "Isso é totalmente injusto". Por dentro, você se gloria com pensamentos como: "Bem, na verdade sou um pecador muito pior do que ele imagina, mas...

> Bem pode o acusador rugir
> pelos pecados que pratiquei:
> conheço todos, e mil mais:
> Jeová não conhece nenhum!".

6. Em face da morte, você a enfrenta com serenidade por estar indo para junto de um amigo.

Perguntas para reflexão

1. Alguma coisa o faz duvidar de que você alcançará a glória? Em caso afirmativo, o quê? E como esses versículos o encorajam?

2. Onde você se sente tentado a buscar alegria, fora de Deus? Do que precisa se lembrar acerca de Deus a fim de se gloriar nele?

3. Dos sinais de regozijo em Deus apresentados nas últimas páginas, quais você consegue enxergar em sua vida? (Talvez o ajude perguntar a um amigo cristão que sinais ele vê em você.)

ROMANOS ▪ CAPÍTULO 5 **VERSÍCULOS 12-21**

9. POR QUE A JUSTIFICAÇÃO É PROPORCIONADA

A segunda metade do capítulo 5 decorre da primeira e introduz uma comparação entre dois "Adãos": o primeiro, do Éden e da queda; o segundo, do céu e da cruz — Jesus Cristo. De certa forma, é o fim e a conclusão de todo esse trecho sobre justificação. Até pelos padrões de Romanos, Paulo trata de muita coisa nessa seção! No entanto, ela é elaborada com grande cuidado — como John Stott salienta:

> Todos os que estudam os versículos 12 a 21 consideram-no condensado ao extremo. Alguns se equivocam tomando compressão por confusão. A maioria, no entanto, [...] admira a maestria com que foi elaborado. Esse trecho pode ser comparado a uma escultura bem talhada ou a uma composição musical construída com esmero.[1]

É bom delinear a estrutura dessa seção antes de começarmos, como um mapa rodoviário a se ter em mente à medida que avançamos. Em síntese, ela se divide em três partes:

---

[1] *The message of Romans,* The Bible Speaks Today (Downers Grove: IVP Academic, 2001), p. 149 [edição em português: *A mensagem de Romanos,* A Bíblia Fala Hoje (São Paulo: ABU, 2000)].

Romanos 5.12-21

1. v. 12-14b: a carreira do primeiro Adão.
2. v. 14c-17: a carreira do segundo Adão: em que Adão e Jesus são diferentes.
3. v. 18-21: a carreira do segundo Adão: em que Adão e Jesus são iguais.

O pecado, a morte e nós

Paulo acaba de afirmar confiadamente que Cristo eliminou a barreira entre Deus e nós de tal forma que podemos ter certeza da glória. Ele tem consciência de que essa é uma declaração estupenda. Assim, no versículo 12, ele está provavelmente antevendo as perguntas de um "realista", tais como: "Como você pode fazer uma declaração confiante dessas à luz do enorme poder da morte e do pecado agora no mundo?"; ou "Como o sacrifício de uma pessoa, por mais nobre que tenha sido, pode produzir tais benefícios para tantos?"; ou "Como esse único gesto muda de fato minha condição presente e meu futuro eterno?".

> Como o sacrifício de uma pessoa, por mais nobre que tenha sido, pode produzir tais benefícios para tantos?

Então, nesse trecho, Paulo mostra em detalhes como o sacrifício de Jesus conseguiu derrotar o mal e reverter todo o curso da história. Ele descreve (v. 12-21) os efeitos do pecado na raça humana, em profundidade superior ao que qualquer um pensaria. No entanto, diz Paulo, a reconciliação que temos em Cristo é capaz de tratar de cada um dos detalhes do desastre do pecado, e o fará.

O versículo 12 nos apresenta uma reação em cadeia composta de três estágios. Ele descreve três estágios da história humana até a época de Cristo. Primeiro, o pecado entrou no mundo por um homem: Adão. Segundo, a morte entrou no mundo por causa do pecado, como uma penalidade por ele. E terceiro, a morte se propagou por todos os seres humanos, pois todos pecaram.

A ordem é: a entrada do pecado, a entrada da morte, a propagação da morte universal por causa do pecado.

O que Paulo quer dizer com "... pois todos pecaram"? O verbo "pecaram" aqui está no tempo aoristo. O aoristo sempre aponta para uma única ação passada. Assim, ao empregá-lo, Paulo está dizendo que a raça inteira pecou em um único ato passado. O uso do pronome "todos", coletivo e tão amplo, com um tempo verbal assim específico é tão estranho que só pode ter sido intencional. Se Paulo quisesse dizer "todos pecaram contínua e individualmente" (o que é verdade), teria usado o presente ou o imperfeito. O escocês William Barclay, um estudioso da Bíblia, comenta do seguinte modo:

> Se formos dar ao tempo aoristo todo o valor que ele tem [aqui] — coisa que devemos fazer nesta discussão —, o sentido mais exato será que pecado e morte entraram no mundo porque todos os homens eram culpados de um ato de pecado específico.[2]

Em Adão

Vale a pena repetir isso. Paulo não está dizendo que todos os seres humanos morrem porque somos *como* Adão (i.e.: pecamos como ele), mas porque todos estávamos *em* Adão (i.e.: quando ele pecou, nós pecamos).

Os versículos 13 e 14b demonstram o que Paulo quis dizer. No versículo 13, ele ressalta que, entre a época de Adão e Moisés, Deus não havia tornado conhecida a sua lei de uma maneira formal. Então diz: "... quando não há lei, o pecado não é levado em conta". Em Romanos 2, vimos ser real a culpa das pessoas que não têm a lei formal de Deus revelada na Bíblia. Mas vamos dar a Paulo o crédito de ser inteligente o bastante para não se contradizer por completo aqui. Ele não

---

[2] *Great themes of the New Testament* (Louisville: Westminster John Knox, 2001), p. 57.

pode estar dizendo que as pessoas que viveram e morreram antes da lei mosaica nunca tiveram culpa. Por quê? Porque elas tinham a lei de Deus de uma forma rudimentar, escrita em seus corações (v. 12-15).

Portanto, é provável que Paulo esteja mostrando que culpa e responsabilidade aumentam muito com o conhecimento e a consciência. Quem viveu antes de Moisés não infringiu mandamentos explícitos (v. 14b: "... aqueles que não pecaram à semelhança da transgressão de Adão..."), como acontecia com as pessoas após a transmissão da lei e que conheciam a lei externa e explicitamente. A culpa de quem veio após Moisés era muito maior do que a de quem veio antes — "No entanto", diz Paulo", "a morte reinou..." (v. 14a). Em outras palavras, ainda que o primeiro grupo fosse menos culpado, as pessoas que o compunham morriam do mesmo jeito.

Podemos explicitar o raciocínio do seguinte modo: enfermidade e morte reinam tanto sobre as pessoas boas quanto sobre as cruéis, tanto sobre as ignorantes quanto sobre as instruídas, tanto sobre bebês (que não desobedeceram em uma atitude deliberada) quanto sobre adultos.

Paulo quer saber: "Se a morte é o salário da culpa pelo pecado, então por que o seu reinado é tão universal, independente do pecado de cada um?". A resposta dele: "... à semelhança [...] de Adão..." (v. 14b). Ele está dizendo: "Talvez as pessoas não tenham infringido um mandamento, mas Adão, sim, e nele somos todos culpados. Somos culpados do que ele fez".

Como destaca John Stott:

> Não podemos apontar o dedo para [Adão] inocentes da nossa autojustiça, pois compartilhamos de sua culpa. E é porque pecamos em Adão que morremos hoje.[3]

---

[3] *Men made new* (Downers Grove: IVP, 1966), p. 25 [edição em português: *A mensagem de Romanos 5—8: homens novos* (São Paulo: ABU, 1988).

Representatividade federal *versus* individualismo ocidental

Esse ensino parece estranho — repugnante, na verdade — aos ouvidos ocidentais "modernos". Por quê? Porque somos altamente individualistas. No Ocidente, todo homem é como uma ilha — interconectado, mas subindo ou descendo, sendo bem-sucedido ou fracassando de acordo com seus próprios atos e suas próprias decisões e habilidades. Vemos a humanidade como se fosse composta de tantas unidades autônomas quantas são as pessoas.

A Bíblia adota uma abordagem radicalmente diferente — a da solidariedade humana. Pessoas de outros séculos e culturas aceitaram e aceitam melhor essa verdade. Muitas outras culturas aceitam a ideia de que o indivíduo é parte da família, da tribo ou do clã como um todo — e não um todo em si mesmo.

A ideia de solidariedade é que você pode ter um relacionamento legítimo com uma pessoa de modo que tudo o que ela conquista ou perde, você também conquista ou perde. Temos aqui o conceito do representante. O representante envolve aqueles a quem representa nos frutos de seus atos, para o bem ou para o mal. Na filosofia e na teologia, isso costuma ser chamado de "representatividade federal". O termo "*federal*" vem do latim *foedus*, "aliança". Representante federal é a pessoa que, por intermédio de um relacionamento de aliança, representa ou substitui alguém.

Hoje, no Oriente (e pelo mundo afora, em outras épocas), é considerado legítimo alguém ter esse tipo de relacionamento com você, tanto por nascimento quanto por atribuição. No mundo ocidental, só reconhecemos a legitimidade dessa pessoa se optarmos voluntariamente por nos colocarmos nessa relação. Eis alguns exemplos:

Romanos 5.12-21

1. *O representante em uma negociação coletiva.* Se um sindicato dá a um representante o direito de negociar e assinar contratos em benefício dos associados, ele é um "representante federal. Ou, às vezes, um chefe de estado confere a determinado embaixador o poder de negociar, de modo que seus atos obriguem o país a cumprir os termos do acordo por ele assinado.
2. *O poder concedido a representantes eleitos.* Um líder (ou o legislativo) nacional tem poderes para declarar guerra. Mesmo na ampla maioria das democracias mundiais, esse poder não pertence ao povo. As pessoas não se manifestam por voto popular sobre declarações de guerra. Há bons motivos para isso: uma decisão como essa poderia não ser tomada com rapidez suficiente, e a informação adequada poderia não ser fornecida para que se tomasse uma decisão inteligente. Assim, permitimos e esperamos que nossos representantes ajam por nós — e as consequências de seus atos recaem sobre nós. Se nossos representantes federais declaram guerra contra um país, não podemos dizer: "Bom, eu não estou em guerra contra esse país!". Sim, está! Se seus representantes declaram guerra, você declarou guerra. Se eles firmam a paz, você está em paz.
3. *Quando o réu estabelece um relacionamento com seu advogado.* Esse advogado representa o cliente no tribunal e, literalmente, tem "procuração legal" para agir pelo cliente de várias — e, pelo bem do futuro do cliente, extremamente importantes — maneiras. Assim, o teólogo Charles Hodge descreveu a obra de Cristo por nós na condição de representante segundo a aliança:

> A relação [de] Cristo com seu povo [...] é a de um defensor [legal] com seu cliente. O primeiro personifica o segundo; [ele] se coloca no lugar do cliente. Essa é, enquanto dura [...]

a mais íntima relação. O cliente não [pode sequer] aparecer [no tribunal]. Não é ouvido. Não é levado em consideração. Perdeu-se em seu defensor, que, no momento, o representa [...] Ele, não nós, é visto, ouvido e levado em consideração.[4]

Tratando-se de Romanos 5.12-21, o empecilho para os ocidentais é duplo. Primeiro, não gostamos da ideia de alguém nos substituir. Dizemos: "Não é justo que eu tenha de ser julgado pelo que outra pessoa fez! Deveriam me dar a oportunidade de estar no jardim do Éden!". Segundo, mesmo que concordemos com a legitimidade do representante segundo a aliança, não gostamos do não poder escolher o representante. O que nos parece injusto de imediato é que não elegemos Adão para nos representar. Ninguém ouviu nossa opinião nessa história. Se temos de passar para alguém uma "procuração legal" ou o "poder de negociação coletiva", queremos ser capazes de escolher alguém igual a nós, que compartilhe de nossas visões e pontos de vista, mas que seja muito talentoso e capacitado para nos representar bem.

Contudo, se pensamos na questão dessa maneira, estamos prestes a compreender como Deus fez isso! Primeiro, ninguém conseguiria escolher o próprio representante tão bem como Deus. Não devemos pensar que seríamos capazes de fazer uma seleção mais inteligente do que Deus! Segundo, Deus não apenas escolheu Adão, ele o *criou* para ser nosso representante. Ele foi criado e projetado com perfeição para agir exatamente como você em pessoa, como indivíduo, agiria na mesma situação. Você não pode dizer "Eu teria me saído melhor", porque isso

> Adão foi projetado com perfeição para agir exatamente como você agiria.

---

[4] *Princeton sermons* (Nashville: Thomas Nelson & Sons, 1879), p. 48-9.

seria afirmar que você poderia ter sido melhor representante do que aquele que Deus criou, ou teria escolhido alguém melhor do que Deus escolheu. Não — Deus nos deu em Adão o representante justo e certo segundo a aliança. De modo que somos culpados em Adão porque nele pecamos de fato.

Um comentário à parte: vale a pena notar que as pessoas mais ofendidas com a doutrina do "representante federal" costumam se considerar muito liberais e de mente aberta. No entanto, recusam-se a se desvincular de qualquer forma do frenético individualismo ocidental quando se aproximam desse texto. Nenhum de nós está tão desligado da própria cultura ou do próprio clã como muitos gostamos de pensar.

Por que o representante federal é uma boa notícia

Na verdade, o fato de Deus lidar conosco em e por meio do nosso representante é uma notícia muito boa e libertadora. Se cada um de nós tivesse de se representar como indivíduo diante do trono celestial, ficaríamos sem defesa nenhuma (3.20). Nosso pecado nos levaria à morte. Em vez disso, no entanto, somos representados por Adão — pecamos nele, e nosso pecado nele, na condição de nosso representante segundo a aliança, nos leva à morte. A morte reinou porque nele toda a humanidade infringiu o mandamento de Deus (v. 14b).

Por que isso é uma boa notícia?! Porque, se a desobediência de Adão é nossa desobediência, então, se houver um homem obediente, um segundo Adão perfeito, ele poderia ser nosso representante federal. Seria capaz de nos representar diante do trono celestial, e por meio dele poderíamos ter a vida de que jamais conseguiríamos desfrutar em Adão ou uma vez entregues a nossa própria sorte. É uma notícia maravilhosa que Deus lide conosco por meio de um representante segundo a aliança — porque "... Adão [...] é figura daquele que havia de vir" (v. 14c). Pelo fato de a humanidade ser corporativa e estar debaixo de um representante, podemos "... por meio de nosso Senhor Jesus Cristo [...] recebermos agora a reconciliação" (v. 11, NIV). A representatividade federal significa que podemos encontrar uma paz com Deus que o individualismo ocidental em que estamos mergulhados jamais será capaz de oferecer.

Perguntas para reflexão

1. Como você resumiria a mensagem dessa passagem em uma única frase?
2. Como você reage à ideia do representante aliancístico?
3. Ao olhar para sua própria vida e história, em que sentidos você considera que Adão foi bom e justo como seu representante?

SEGUNDA PARTE

Adão e Cristo: as diferenças

Tendo dito que Adão é uma "... figura daquele que havia de vir" (v. 14), no mesmo instante Paulo esclarece o que *não* quer dizer com isso! "Mas a dádiva gratuita [de Jesus] *não* é como o caso da transgressão [de Adão]..." (v. 15, grifo do autor). Ele relaciona três diferenças entre os dois:

1. *A motivação do coração em cada feito era muito diferente.* Paulo chama o feito de Adão de "transgressão" — um pecado consciente —, mas o de Jesus de "dádiva gratuita" (v. 15). Isso significa que o gesto de Adão constituiu um feito de autoengrandecimento, ao contrário do gesto de Jesus, de autossacrifício. Em outras palavras, o feito de Jesus de morrer por nós não foi simples obediência a Deus; foi também compaixão imerecida por nós. Em outras palavras, o ato

de Adão foi uma violação da lei, mas o de Jesus foi um "ato de justiça" (v. 18) e de "obediência" (v.19) — o cumprimento total da lei.
2. *Os resultados dos dois feitos são opostos.* Primeiro, o de Adão resultou em "morte" (v. 15), ao passo que o de Cristo resulta em "vida". Aqui está a primeira de duas consequências do mal listadas no início da passagem: a morte física. As consequências do feito de Cristo desfazem as consequências do ato de Adão. Segundo, o feito de Adão resultou em "condenação" (v. 16), e o de Cristo, em "justificação". Esta é a segunda das duas consequências do mal listadas no versículo 12: a culpa legal. Repetindo, as consequências do feito de Cristo desfazem as consequências do feito de Adão. Terceiro, o resultado do pecado de Adão é que "... a morte reinou..." (v. 17); todavia, Paulo não diz que em Cristo "a vida reina", mas que nós "... reinaremos em vida..." (v. 17, NIV). Essa é outra diferença traçada por Paulo. Antes, a morte reinava sobre nós e estávamos escravizados. Agora, somos livres. O antigo reino dentro do qual labutávamos nos esmagou, mas não trocamos uma escravidão por outra igual. Antes, no novo reino de Cristo, nós nos tornamos reis! O reinado de Cristo nos converte em reis, mas o reinado do pecado faz de nós escravos. O contraste é total.
3. *O poder dos dois é diferente.* Paulo se esforça demais para mostrar que o poder e o alcance da obra de Cristo são muito maiores que os de Adão. Duas vezes ele repete: "... muito mais..." (v. 15,17), para nos mostrar que a obra de Cristo é capaz de subjugar, cobrir por inteiro e desfazer todas as consequências da obra de Adão. O contraste é entre "pecado" e "graça" ou "dom". Nossa condenação é um ato

> A obra de Cristo é capaz de subjugar todas as consequências da obra de Adão.

de justiça, e a justiça impõe a equivalência — exatamente o que se fez por merecer. Nossa justificação, no entanto, é um ato de graça, e a graça transborda e abunda, dando-nos dez, cem, mil e uma infinidade de vezes mais do que merecemos.

Existe mais uma diferença, a quarta, entre Adão e Cristo. Paulo não a menciona no capítulo 5 e vamos nos concentrar nela no capítulo 6 — mas é bom citá-la aqui. Nossa união com Adão como nosso representante é física, mas nossa união com Cristo como nosso representante é pela fé. Deus nos une a Cristo quando cremos nele. Por isso, Paulo pode afirmar mais adiante que "morremos" com Cristo, "... fomos sepultados com ele..." e "... também viveremos com ele" (6.2,4,8). Até nos unirmos a Cristo pela fé, tudo o que se aplica a Adão também se aplica a nós. Mas, uma vez unidos a Cristo pela fé, tudo o que for verdade sobre ele é verdade sobre nós! John Stott escreve:

> Portanto, se estamos condenados ou justificados, se estamos espiritualmente vivos ou mortos, tudo isso depende da humanidade à qual pertencemos — se ainda pertencemos à velha humanidade iniciada por Adão, ou à nova humanidade iniciada por Cristo.[5]

Adão e Cristo: a semelhança

Então, considerando essas diferenças fundamentais, em que sentido Adão é "figura" de Cristo — em que eles são semelhantes? Acima de tudo, como vimos, ambos substituem e representam um grupo de pessoas, e o que fazem (para o bem ou para o mal) é transferido àqueles a quem representam. Paulo emprega várias palavras diferentes para deixar isso claro:

[5] *Men made new*, p. 28.

Romanos 5.12-21

- v. 16: um pecado *trouxe* condenação, mas a dádiva *trouxe* justificação.
- v. 18: o *resultado* de uma transgressão foi a condenação, mas o *resultado* de um ato de justiça foi a justificação.
- v. 19: pela desobediência de um homem, muitos foram *feitos* pecadores; mas pela obediência de um homem, muitos serão *feitos* justos.

A obediência de um homem

Vale a pena refletir sobre o versículo 19. Como somos "... feitos justos"? "... pela obediência de um só homem..." (NIV). A façanha de Jesus não foi a simples remoção da penalidade em função da nossa desobediência, por mais maravilhoso que isso seja; foi obedecer por nós, como nosso representante, ao longo de sua vida e, acima de tudo, em sua morte. Enquanto a Adão foi dito que desfrutaria de bênçãos se obedecesse a Deus, e mesmo assim ele escolheu desobedecer (Gn 2.15-17; 3.6,7), o segundo Adão sabia que enfrentaria agonia e morte se obedecesse — e mesmo assim, resoluto, ele andou em obediência a seu Pai (Mc 14.32-36). A obediência contínua e amorosa de Jesus sobre a qual lemos nos Evangelhos é questão de vida e morte para nós; pois ela é a *nossa* obediência, se estivermos em Cristo em vez de estarmos em Adão.

> A obediência de Jesus é questão de vida e morte para nós, pois ela é a nossa obediência.

J. Gresham Machen, fundador do Seminário Teológico de Westminster, na Philadelphia, explica assim a questão:

> Na realidade, [Cristo] não apenas pagou o castigo pelo primeiro pecado de Adão e pelos pecados que cometemos individualmente, mas também positivamente mereceu por nós a vida

eterna. Em outras palavras, ele foi nosso representante, tanto no pagamento da pena quanto no acompanhamento do nosso período de EXPERIÊNCIA. Pagou o preço [do período de experiência fracassado] por nós e sofreu-o por nós [...] [Cristo não só tomou sobre si o castigo por sua morte] como fez jus, em nosso favor, à recompensa por sua obediência perfeita à lei de Deus [...] Essas são as duas grandes coisas que ele fez por nós.

Adão, antes de cair, era justo aos olhos de Deus, mas ainda pesava sobre ele a possibilidade de se tornar injusto. Quem foi salvo pelo Senhor Jesus Cristo não só é justo aos olhos de Deus como está fora do alcance da possibilidade de se tornar injusto. Para tais pessoas, o período de experiência acabou [...] porque Cristo o suportou por elas.[6]

Essa não era uma doutrina empoeirada para Machen:

Descrito na tradição da fundação do [Seminário de Westminster] está o testemunho comovente de Machen, moribundo, em um telegrama enviado a John Murray: "Sou tão grato pela obediência ativa de Cristo. Nenhuma esperança sem ele". Eis o vigoroso consolo de Machen na morte. Ele sabia que a obra meritória realizada por seu Salvador fora computada em seu favor como se ele a tivesse realizado. Deus, com certeza, haveria de lhe conceder a gloriosa recompensa celestial, pois Jesus a fez por merecer em seu favor, e o nome de Deus é justo.[7]

Por que veio a lei?

Talvez Paulo esteja prevendo uma objeção adicional no versículo 20, qual seja: o fato de a lei ter sido dada deve ter feito

---

[6]"The active obedience of Christ", *The Presbyterian Guardian*, November 10th (Philadelphia, 1940): 131-2.
[7]Meredith Kline, "Covenant theology under attack", *New Horizons*, February (1994).

alguma diferença — Paulo deveria abrir espaço para Moisés como mais um "representante" da humanidade, a humanidade que recebeu a lei. Se for esse o caso, então Paulo, no versículo 20, concorda que a lei faz diferença; mas não da maneira positiva que esse objetor imaginário talvez esperasse.

Pelo contrário, "A lei [...] veio para que a transgressão se ressaltasse..." (Paulo faz afirmação semelhante em Gl 3.19). Quando a lei formal veio por intermédio de Moisés, o pecado ficou mais visível e pior, pois agora a ignorância não era uma forma de defesa. Paulo pode ter em mente a maneira pela qual achamos que a leitura dos decretos de Deus nos estimula a pensar em infringi-los (o que ele explicará em Romanos 7); com certeza está ensinando que a lei prova não ser a falta de conhecimento que nos impede de obedecer a Deus e de guardar seus decretos, mas, sim, a falta de boa vontade e capacidade. Não necessitamos aplicar mais esforço; necessitamos de socorro.

Mas o pecado, que a lei ressalta, não teve a última palavra. Não precisamos morrer em Adão. A graça de Deus em relação à humanidade é maior do que a rebeldia da humanidade contra Deus. A tradução "... onde o pecado se ressaltou, a graça ficou ainda mais evidente" (v. 20) declara com menos ênfase a expressão de Paulo aqui; melhor tradução seria: "... superabundou a graça". Por que a graça abundou dessa maneira? A fim de que, onde um dia o pecado reinou e toda a raça humana enfrentou a morte, agora "... a graça reine pela justiça para a vida eterna, por meio de Jesus Cristo, nosso Senhor" (v. 21). Na cruz, vemos o pior que o pecado é capaz de fazer, quando a humanidade — da qual cada um de nós é parte — crucificou o Senhor. Mas na cruz também vemos que o máximo que o pecado consegue

> Na cruz vemos que o máximo que o pecado consegue fazer não é capaz de frustrar a salvação de Deus.

fazer não é capaz de frustrar a salvação de Deus. Na cruz, a graça destrói o pecado e a vida triunfa sobre a morte. O primeiro Adão não é a última palavra para a humanidade. O segundo Adão, o representante perfeitamente obediente, é. Não existe qualquer esperança, em absoluto, sem ele; há esperança certa com ele e nele.

Uma doutrina entre duas heresias

O fim do capítulo 5 marca o término de uma seção da carta de Paulo, um trecho glorioso que expôs o evangelho da justificação pela fé. Tertuliano, um dos pais da igreja no segundo século, disse que, assim como nosso Senhor foi crucificado entre dois ladrões, a grande doutrina da justificação está continuamente sendo crucificada entre duas heresias opostas. O evangelho mantém unidas duas verdades.

> A doutrina da justificação está sendo crucificada entre duas heresias opostas.

1. Deus é santo portanto, nossos pecados exigem que sejamos punidos. O evangelho nos diz: "Você é mais pecador do que jamais ousou acreditar". Esquecer disso leva à licenciosidade e à permissividade — ao que poderíamos chamar de liberalismo.
2. Deus é gracioso; assim, nossos pecados são tratados em Cristo. O evangelho nos diz: "Você é mais aceito em Cristo do que jamais ousou esperar". Esquecer disso leva ao legalismo e ao moralismo.

Se eliminar uma ou outra dessas verdades, você cai ou no legalismo ou no liberalismo e elimina a alegria e o "livramento" do evangelho. Sem um conhecimento do nosso pecado extremo, o pagamento do evangelho parece banal e não eletriza nem transforma. Mas, sem um conhecimento da vida e da morte de Cristo saldando por completo a dívida, o conhecimento do pecado nos esmagaria e nos constrangeria a negá-lo e reprimi-lo.

Assim, segue um resumo do que aprendemos sobre o evangelho de Deus, entre os dois erros (do legalismo e do liberalismo):

Legalismo	Evangelho	Liberalismo
Deus é santo.	Deus é santo e amor.	Deus é amor.
Faça por merecer sua própria justiça.	Receba a justiça perfeita de Deus.	Você não precisa de justiça perfeita.
A matéria é ruim e estamos caídos — desconfie do prazer físico ou rejeite-o (ascetismo).	A matéria é boa, mas estamos caídos — o prazer físico é bom, mas viva com sabedoria.	A matéria é boa e estamos caídos — satisfaça seus apetites físicos.
O pecado só afeta os indivíduos — pratique o evangelismo, e pronto.	O pecado afeta tanto os indivíduos quanto os sistemas sociais — pratique tanto o evangelismo quanto a ação social.	Ingênuo em relação à profundidade do pecado humano — só pratique a ação social.
As pessoas não podem mudar/mudar é fácil.	As pessoas podem mudar, mas não existem ajustes rápidos.	As pessoas não precisam mudar.
Mergulhe na culpa — esforce-se até se ver livre dela.	Passe pela culpa — descanse em Cristo.	Fuja da culpa — convença-se de que está tudo bem com você.
Arrependa-se dos pecados.	Arrependa-se dos pecados e da justiça própria.	Não se arrependa nem de uma coisa nem de outra.

Perguntas **para reflexão**

1. O quanto a obediência ativa de Cristo é preciosa para você?
2. Como esses versículos fizeram com que você amasse mais o Senhor Jesus?
3. Reflita sobre a tabela de resumo. Dos aspectos do evangelho bíblico que você aprendeu, quais são novos, ou você tinha esquecido e foi lembrado ou você agora valoriza com maior profundidade?

ROMANOS • CAPÍTULO 6 VERSÍCULOS 1-14

10. UNIDOS A CRISTO

O evangelho da "justificação recebida" (em contraposição ao da "justiça merecida") é radical. Afirma que nossos esforços morais não conseguem contribuir em nada para a nossa salvação. Essa mensagem é única entre as religiões e filosofias mundiais.

Paulo sabe por experiência própria que uma pergunta surge de imediato em qualquer debate sobre esse evangelho: se nossas boas obras não têm valor nenhum para conquistar nossa salvação, então por que fazer o bem? Se o evangelho diz "Você é salvo pela graça, não por uma vida virtuosa", essa mensagem não deixará a porta aberta para o viver imoral?

> Se você é salvo pela graça, isso não deixará a porta aberta para o viver imoral?

Por isso Paulo propõe a pergunta do versículo 1: "O que diremos, então? Permaneceremos no pecado, para que a graça se destaque?". Ele está perguntando o seguinte: "A mensagem do evangelho leva você a mudar os padrões pecaminosos em sua vida? Se o faz, como isso acontece? A mensagem não nos encoraja a continuar pecando simplesmente, de modo que a graça continue nos cobrindo?".

Em certo sentido, a resposta de Paulo a essa pergunta não é um desvio nem uma digressão. Embutida na objeção do crítico à justificação está a compreensão equivocada crucial da doutrina. Por isso a resposta (muito curta e simples!) inicial de Paulo: "De modo nenhum" (v. 2). Ou seja: "Só se pode dizer uma coisa dessas quando não se compreende o ensinamento.

Se tivesse entendido o ensinamento do evangelho, você não tiraria conclusões como essa". Ao responder a essa pergunta, Paulo basicamente torna a explicar e a aplicar a doutrina da justificação e da nossa união com Cristo.

Contudo, em outro sentido, isso introduz uma nova seção. A objeção do versículo 1 leva Paulo a discutir como o evangelho conduz a uma vida santa e transformada. Os capítulos 1 a 5 explicam o que Deus realizou em nosso favor no evangelho; os capítulos 6 a 8 nos contam o que ele realizará em nós por meio do evangelho. Esses capítulos nos ensinam a "experimentar" o evangelho. Explicam que o evangelho é dinamite que produz transformações profundas e enormes em nosso caráter e comportamento.

Você morreu para o pecado

Fundamental para a resposta toda — e por essa razão, para o capítulo 6 — é a expressão "morremos para o pecado" (v. 2). Para entender o que Paulo quer dizer, é conveniente ver o que ele não quer dizer. É errado, ou inadequado, fazer qualquer uma das seguintes afirmações:

1. *"Morremos para o pecado" quer dizer que não queremos mais pecar; o pecado não tem mais poder ou influência sobre nós.* Se fosse esse o verdadeiro significado, Paulo não precisaria ter escrito os versículos 12 a 14. Se o cristão não sente vontade de pecar, por que insistir para que ele não o faça? Além disso, a passagem de Romanos 7.18 mostra que o cristão sente desejos pecaminosos.

2. *"Morremos para o pecado" significa que não devemos mais pecar; o pecado agora é inadequado para o cristão.* A primeira interpretação vai longe demais; esta não vai longe o suficiente. Paulo é audacioso ao dizer que "morremos", não que "devemos morrer".

3. *"Morremos para o pecado"* quer dizer que pouco a pouco estamos nos afastando do pecado; o pecado está enfraquecendo em nós. Mas o termo "morto" que Paulo usa com certeza quer dizer algo mais forte do que isso. Além do mais, o tempo empregado nesse verbo no grego é o aoristo, que se refere a uma ação única, passada, de uma vez por todas. Paulo não se refere a um processo contínuo.

4. *"Morremos para o pecado"* quer dizer que renunciamos ao pecado; em algum momento (como em nosso batismo) renegamos o comportamento pecaminoso. Em si mesmo, isso é verdade, mas é improvável que seja o que Paulo está ensinando aqui, porque os versículos 3 a 5 explicam que essa "morte" é o resultado da nossa união com Cristo. É o resultado de algo feito para nós, não de algo que nós fizemos.

5. *"Morremos para o pecado"* quer dizer que não somos mais culpados; nossos pecados não podem nos condenar, pois foram perdoados em Cristo. De novo, é verdade, mas, também de novo, provavelmente não é o sentido aqui. Paulo precisa explicar por que, dado que de fato não somos mais culpados do pecado, buscamos viver sem pecado — por que o evangelho faz qualquer diferença no modo como vivemos. Apenas reafirmar a verdade de que somos perdoados em Cristo não é a resposta.

> No momento em que se torna cristão, você não mais está debaixo do poder governante do pecado.

Então, o que Paulo *quer* dizer? O restante do capítulo define em detalhes o que ele quer dizer, mas segue um resumo: no momento em que se torna cristão, você não mais está debaixo do "reino" — o poder governante — do pecado.

Lembre-se de que Paulo acabou de declarar, em Romanos 5.21: "... o pecado reinou [...] também a graça reine...". Em outras palavras, o pecado ainda tem poder sobre você, mas não pode mais impor-lhe seus ditames. Em Romanos 1.18-32, Paulo disse que, fora de Cristo, somos entregues a nossos desejos pecaminosos. Antes, esses desejos governavam sobre nós de tal forma que não conseguíamos vê-los como pecados, e mesmo que o fizéssemos, não podíamos resistir a eles. Estávamos completamente debaixo de seu controle. Agora, no entanto, o pecado não tem mais como nos dominar. Agora somos capazes de resistir e nos rebelar contra ele.

Há um novo poder em operação em nossa vida, nos governando: "Ele nos tirou do domínio das trevas e nos transportou para o reino do seu Filho amado" (Cl 1.13). Ou, como Paulo diz em Atos 26.18, o evangelho vem para as pessoas "para lhes abrir os olhos a fim de que se convertam das trevas para a luz, e do poder de Satanás para Deus...".

A seguinte ilustração pode ajudar: se uma força militar perniciosa detivesse o controle total de um país e um exército do bem o invadisse, o exército do bem poderia tirar a força maligna do poder e devolver a capital, a sede do poder e da comunicação, ao povo. No entanto, os soldados destituídos do poder talvez continuassem vivendo nas matas. Essa força de guerrilha poderia causar uma devastação para o novo e legítimo governo. Poderia impor diversas vezes sua vontade sobre parte do país, mesmo sem jamais retornar ao poder.

Portanto, ter "morrido para o pecado" não significa que ele não está mais no seu interior, ou que não exerce poder ou influência dentro de você. Ele o faz. Mas o pecado não mais lhe dá ordens. Apesar de você *poder* obedecê-lo, e embora (a Bíblia prevê isso) você *vá* fazê-lo, permanece o fato de que você não mais *tem* de obedecê-lo. Você morreu para ele; ele pode estar morto para você; "... como ainda viveremos nele [no pecado]?" (v. 2) — e por que viveríamos?

Como morremos para o pecado

Paulo agora segue explicando quando e como nós "... morremos para o pecado...". Ele pergunta, "... ignorais que todos nós, que fomos batizados em Cristo Jesus, fomos batizados na sua morte?" (v. 3). Ele tem o modelo de batismo por imersão em mente. A palavra grega *baptizo* costumava ser usada em referência a ser submerso ou mergulhado, de modo que tinha conotações de morte. Todavia, observe que a água não é mencionada de fato aqui. Paulo faz alusão à realidade espiritual para a qual o batismo na água aponta. O apóstolo já nos ensinou (5.12-21) que estamos em união com Cristo. Quando cremos, unimo-nos com Cristo, a ponto de tudo que for verdade para ele agora ser legalmente verdade para nós. Como Cristo morreu, e gente morta é liberta do pecado, assim nós estamos livres do pecado.

Mas nossa união com Cristo não para aí. Considerando que a morte de Cristo levou a sua ressurreição e uma vida nova, assim também, do mesmo modo, nossa união com Cristo levará, obrigatoriamente, a uma nova vida (v. 4). Se cremos em Cristo, uma mudança de vida acontecerá. Não viveremos mais no pecado.

Um fruto da união com Cristo é a certeza. Como tudo que é verdadeiro para Jesus é verdadeiro para nós, e como ele ressuscitou para uma nova vida, sabemos que estamos vivendo essa nova vida. E essa nova vida aponta para frente, para o estado futuro de glória perfeita em que entraremos com ele. "... certamente [...] seremos [unidos a ele] na semelhança da sua ressurreição" (v. 5, NIV). Se sabemos que estamos unidos com Cristo, então saberemos que vivemos uma nova vida, não mais sob o domínio do pecado — e não faremos a pergunta do versículo 1.

Velha natureza, nova natureza

No versículo 6, Paulo introduz outro fato sobre nós em nossa união com Cristo que deveríamos "conhecer". Afirma ele que nossa "velha natureza" foi morta para que "... o corpo sujeito ao pecado fosse destruído...".

O que Paulo quer dizer aqui é uma questão interpretativa bastante difícil, que divide até os melhores comentaristas da Bíblia. Há quem ensine que "velha natureza" e "corpo sujeito ao pecado" sejam a mesma coisa. Consideram que "... a nossa velha natureza foi crucificada..." significa que ela está morrendo lentamente. Contudo, em todos os outros lugares de Romanos em que a palavra "crucificado" é empregada, ela tem o sentido simples de estar morto. Portanto, é provável que Paulo esteja dizendo que "a velha natureza" foi morta a fim de se livrar "do corpo sujeito ao pecado". Neste caso, existem duas entidades diferentes.

O que é o "corpo sujeito ao pecado"? Alguns acham que se refira à "carne", o coração pecaminoso. Mais à frente no capítulo, no entanto, Paulo orienta: "... não reine o pecado em vosso corpo mortal, a fim de obedecerdes aos seus desejos" (v. 12). Ou seja, o "corpo sujeito ao pecado" é o corpo controlado pelo pecado. Isso não significa dizer que o corpo físico seja pecaminoso em si, ou que os desejos físicos são pecaminosos por natureza. Mas o pecado se expressa por meio do nosso corpo; ou ele reina em nós conseguindo fazer com que obedeçamos a seus ditames; e por isso Paulo o chama de "corpo sujeito ao pecado".

Em contrapartida, a "velha natureza" está morta e enterrada. O que é isso, então?

> Nosso velho homem é o velho eu ou ego, o homem não regenerado em sua totalidade, em contraste com o novo homem, o homem regenerado em sua totalidade.[1]

---

[1] John Murray, *The Epistle to the Romans* (Grand Rapids: Zondervan, 1959), p. 219 [edição em português: *Romanos: comentário bíblico* (São José dos Campos: Fiel, 2003)].

> A distinção vital [entre a "velha natureza" e o "corpo sujeito ao pecado"] é a distinção entre "eu como uma personalidade [completa]" e "meu corpo".[2]

A "velha natureza" do cristão está completamente morta. O velho "ego", a velha compreensão de si mesmo, a velha posição da pessoa por inteiro diante de Deus e do mundo — tudo isso se foi. Morreu — eu morri — "... pois quem morre fica livre do poder do pecado" (v. 7, NTLH). Como cristão, "eu", meu eu mais verdadeiro, busco a Deus e amo sua lei e santidade de verdade. Embora o pecado permaneça em mim com bastante força, não mais controla minha personalidade e minha vida. Ainda é capaz de me levar a desobedecer a Deus, mas agora o comportamento pecaminoso vai contra o conhecimento mais profundo que tenho de mim mesmo.

Quando um não cristão peca, age de acordo com sua identidade, com quem ele é. Por que *não haveria* de pecar? Mas quando alguém está unido a Cristo, tudo muda, porque quem ele é mudou. Existe um novo "eu". Quando o cristão peca, age contra sua identidade. Por que *haveria* de pecar? Portanto, se peco, é porque não percebo quem sou; esqueci-me do que foi feito por mim em Cristo.

Perguntas para reflexão

1. Que diferença faz para o seu senso de identidade o morrer com Cristo?
2. Você acredita de verdade que não *tem* de pecar? Que diferença isso faz/faria?

---

[2]D. Martin Lloyd-Jones, *Romans: exposition of chapter 6: the new man*, Roman Series (Grand Rapids: Zondervan, 1989), p. 72 [edição em português: *Romanos: exposição sobre capítulo 6: o novo homem* (São Paulo: PES, 2011)].

3. Em que área da sua vida o pecado vem travando uma luta especialmente difícil no momento?

> **SEGUNDA PARTE**

A morte é passado; o futuro é certo

Paulo parece determinado a não minimizar a importância da nossa união com Cristo. Os versículos 6 e 7 se concentraram no que nos aconteceu porque nossa morte ficou para trás, já que morremos com Cristo. Agora, os versículos 8 e 9 nos levam às implicações de termos sido ressuscitados em Cristo e com ele. Nós "... cremos [...] sabendo..." que o poder da ressurreição de Cristo triunfou e triunfará em nós. A lógica de Paulo é que, se sabemos que morremos quando Jesus morreu no passado, então podemos crer que viveremos com ele no futuro (v. 8). Como? Porque Cristo foi ressuscitado para a vida eterna — portanto, ele "... já não morre mais..." (v. 9). A morte não tem absolutamente nenhum direito ou poder sobre ele. E como isso é verdade para ele, é verdade para nós, porque estamos unidos com ele.

O versículo 10 é, portanto, um resumo da seção dos versículos 5 a 9. Como John Stott explica:

> Há diferenças radicais entre elas [a morte e a ressurreição de Cristo] [...] existe uma diferença de tempo (o evento passado da morte, a experiência presente de vida), de natureza (ele morreu para o pecado, cujo castigo carregou, mas vive para Deus, em busca da sua glória) e de propriedade (a morte "de uma vez por todas", a vida de ressurreição continuada).[3]

---

[3] *The message of Romans*, The Bible Speaks Today (Downers Grove: IVP Academics 2001), p. 178 [edição em português: *A mensagem de Romanos*, A Bíblia Fala Hoje, (São Paulo: ABU, 2000)].

Romanos 6.1-14

Morto, mas vivo

O resultado da nossa união com Cristo em sua morte e nova vida é que devemos "... considerar[-nos] mortos para o pecado, mas vivos para Deus, em Cristo Jesus" (v. 11). Por que devemos contar-nos — computar-nos, ou considerar-nos — como algo que já somos? Porque estar "morto para o pecado" (i.e.: "não servimos mais ao pecado") é um privilégio ou um direito legal. Mesmo que isso seja verdadeiro e efetivo, há quem não o perceba ou não utilize esse direito/privilégio. Por exemplo, você pode ter um fundo fiduciário depositado em seu nome, mas, a menos que o saque, ele não mudará sua condição financeira real. O fundo deveria significar o fim dos seus problemas financeiros, mas não terá qualquer efeito a menos que seja utilizado.

Assim, devemos "considerar-nos" mortos para o pecado, porque, se não agirmos de acordo com esse grande privilégio, ele não será automaticamente percebido em nossa experiência. Precisamos nos apropriar dele, vivê-lo, desfrutá-lo.

A ilustração vital de Martyn Lloyd-Jones a seguir retrata nossa condição. Vale a pena citar um trecho mais extenso:

> Veja o caso dos pobres escravos nos Estados Unidos da América, há cerca de cem anos. Viviam em condição de servidão. Então veio a Guerra Civil Americana e, como consequência, a escravidão foi abolida nos Estados Unidos. Mas o que de fato aconteceu? Todos os escravos, jovens e velhos, receberam sua liberdade, mas muitos dos mais velhos que tinham suportado longos anos de servidão encontraram grande dificuldade para compreender seu novo status. Ouviram o anúncio de que a escravidão fora abolida e que estavam livres: mas centenas, para não dizer milhares, de vezes depois disso em sua vida e em suas experiências, muitos não perceberam o que aconteceu, e quando viam o antigo senhor se aproximar, começavam a titubear e a tremer, e a se perguntar se seriam vendidos...

[...]
Você ainda pode ser um escravo na prática, mesmo que não o seja mais em sentido legal [...] O que quer que você sinta, qualquer que seja sua experiência, Deus nos diz aqui, por intermédio da sua Palavra, que, se estamos em Cristo, não estamos mais em Adão, não estamos mais debaixo do reino e do governo do pecado [...] E, se eu cair em pecado, como acontece, é só porque não percebo quem sou [...] Perceba-o! Reconheça-se![4]

Intolerância e progresso

Quais são os sinais de que alguém está "morto para o pecado" (v. 11) — de que não mais "vive nele" (v. 2) porque o pecado deixou de reinar sobre sua vida (v. 12)? É fácil presumir que o "reino do pecado" se refere aos pecados evidentes, violentos, óbvios. Mas uma vida de moralidade exterior, o interesse pelo estudo da Bíblia e o prazer nos deveres religiosos podem todos estar presentes enquanto o pecado continua reinando! O sinal não é a moralidade exterior.

De outro modo, algumas pessoas acreditam que o reino do pecado se refira a todo e qualquer pecado — o sinal é ausência de pecado. De fato, 1João 3.9 traz a seguinte declaração: "Todo aquele que é nascido de Deus não pratica o pecado..." (NVI). Em outro lugar da mesma carta, contudo, João diz que nenhum cristão jamais pode afirmar que não tem pecado (1.8), e veremos que Paulo ainda descreve os cristãos como tendo pecado (Rm 7.18). O pecado continua tendo poder sobre nós.

Assim, é provável que "viver nele [no pecado]", em oposição a estar morto para ele, signifique algo como "nadar nele" ou "respirar-lhe o ar" ou "deixá-lo ser o principal sentido da sua vida". Assim, "viver em pecado" significaria, então:

[4] *Romans: exposition of chapter 6: the new man*, p. 25,28.

Romanos 6.1-14

1. *Tolerá-lo.* Os cristãos podem pecar, mas o pecado os aflige e repugna. Essa aflição e essa repugnância são sinais de que o pecado não domina. Ele só consegue ludibriá-lo por completo se você não conseguir ver o que ele é ou não se importar com o que ele é. Também deve ser isso que João quer dizer — que nenhum cristão pecará deliberadamente e sem se importar.

> O pecado só consegue ludibriá-lo por completo se você não conseguir ver o que ele é ou não se importar com o que ele é.

2. *Não fazer nenhum progresso em relação a ele.* Paulo quer dizer que os cristãos não podem mais "praticar o pecado por hábito" ou "ininterruptamente" sem que haja uma diminuição. Quando cedem ao pecado, não conseguem permanecer nele em caráter permanente. A repulsa e o mal-estar causados pelo pecado os tiram de lá outra vez.

Resumindo, Paulo não está dizendo que os cristãos não podem cometer atos isolados de pecado, nem mesmo que não podem lutar contra pecados habituais, mas que não podem continuar residindo no reino do pecado. Não podem continuar nele deliberadamente, sem sentirem repulsa ou sem que haja uma diminuição. Não vivem mais em pecado; em vez disso, estão "... vivos para Deus..." (v. 11).

Livre para resistir

Antes de você ser unido com Cristo, o pecado reinava soberano. Agora, o cristão está livre desse controle; mas ainda pode lhe outorgar alguma medida de poder. Somos livres para resistir ao pecado e livres para vencer — na verdade,

> Somos livres para resistir ao pecado e livres para vencer — de qualquer forma, devemos lutar.

fomos libertos *para* lutar e vencer (veja Tito 2.14); de qualquer forma, devemos lutar.

O ensinamento de Paulo é que, como podemos agora obedecer ao pecado *ou* a Deus, devemos obedecer a Deus. Ele nos incentiva a não fazer as duas coisas. Primeiro, "... não reine o pecado em vosso corpo mortal..." (v. 12). Segundo, "tampouco apresenteis os membros do vosso corpo ao pecado como instrumentos do mal..." (v. 13). O pecado não pode nos governar, mas ele trava uma guerra em nosso interior; não devemos permitir que a força de guerrilha do pecado — expulsa do nosso coração, mas ainda lutando firme em nosso corpo — tome o controle de alguma forma, obedecendo aos desejos que ele planta em nós. O pecado continua travando guerra à nossa volta; por isso não devemos oferecer nenhuma parte do nosso corpo (o que provavelmente inclui nossos pontos fortes e habilidades, bem como partes físicas do nosso corpo) para ser seu instrumento ou arma.

Mas seria um erro pensar que a principal maneira pela qual vivemos uma vida nova é simplesmente olhando para o pecado e seus desejos e dizendo para nós mesmos: *não faça isso*. Nossa vida nova em Cristo tem relação com um viver positivo e proativo — tem relação com o *faça isso*. Por isso, Paulo encoraja os crentes a fazerem duas coisas, sendo que o contrário delas não devemos mais praticar. Primeiro, "... apresentai-vos a Deus...", para viver com ele, por ele e como ele. Segundo, "... apresentai os membros do vosso corpo a Deus como instrumentos de justiça" (v. 13). O reino de Deus impera dentro de nós e se expressa por meio de nós quando obedecemos a ele.

Não debaixo da lei

No versículo 14, Paulo muda a linguagem. Repete que o pecado "... não terá domínio sobre vós..." — não é, e não deve ser, nosso governante — então, seria de se esperar que dissesse:

"porque vocês não estão debaixo do poder dele". Em vez disso, prossegue: "... pois não estais *debaixo da lei*..." (grifo do autor). E acrescenta: "... mas debaixo da graça". Para Paulo, saber que não estamos "debaixo da lei" nos ajuda a quebrar o poder do pecado em nossa vida.

Trataremos mais desse assunto no próximo capítulo, pois Paulo dará outros detalhes sobre o que quis dizer na segunda metade de Romanos 6, mas o versículo 14 nos mostra que estar "debaixo do pecado" é o mesmo que estar "debaixo da lei" (compare 5.20,21 com 6.14). Ele nos ensina que nossa liberdade da lei como um sistema de salvação é o que nos liberta do senhorio do pecado sobre nós. Por quê? O poder do pecado só é de fato quebrado quando nos apartamos da justiça pelas obras.

Somos justos aos olhos de Deus. Se nos lembrarmos disso, os motivos do nosso pecado serão subvertidos. Atos isolados de pecado têm motivações pecaminosas. Quando perguntamos por que somos instigados a determinados pecados, descobrimos que nossos pecados vêm porque ainda buscamos encontrar nossa "justificação" (nossa identidade, nossa noção de valor) em outras coisas além de Deus. Assim, lembrarmo-nos de que somos completamente amados e justos em Cristo subverte e exaure nossos motivos para pecar e nosso desejo de fazê-lo.

Necessidade de saber

Ao longo desses versículos, Paulo disse repetidas vezes que "sabemos" ou "cremos" (v. 6,8,9). Isso mostra que qualquer cristão que continua a pecar ou a retroceder para o pecado falhou em "saber" ou em considerar cuidadosamente as implicações do que lhe aconteceu em Cristo. Como podemos usar essa abordagem em relação ao nosso pecado?

Precisamos entender que não se espera que sejamos estoicos em se tratando de pecado: *basta dizer NÃO!* Paulo nos mostra aqui que o ato de pecar não provém tanto da falta de força de vontade, mas, sim, da falta de compreensão da nossa posição e da falta de reflexão e regozijo.

Portanto, a chave é saber, lembrar-se e pensar assim:

- *Fui comprado com o sangue de Cristo.* Se nos lembrarmos disso, não agiremos como se pertencêssemos a nós mesmos. Devemos a Jesus Cristo nossa vida e nossa salvação, e não podemos viver ignorando sua vontade.
- *Fui liberto do "domínio" do pecado.* Isso significa que o Espírito de Deus está dentro de nós e, embora o pecado possa parecer poderoso demais para que lhe ofereçamos resistência, não é esse o caso. Somos filhos de Deus e podemos exercitar nossa autoridade sobre nossos desejos pecaminosos.
- *Fui salvo por Cristo especificamente para que não pecasse.* Cristo "... se entregou a si mesmo por nós para nos remir de toda a maldade e purificar para si um povo todo seu, consagrado às boas obras" (Tt 2.14). Todo sofrimento e tortura de Jesus tiveram esse propósito; qualquer cristão que cede ao pecado está se esquecendo disso. Deveríamos perguntar: "Sujarei o coração que Cristo morreu para lavar; menosprezarei o propósito da sua dor; frustrarei o objetivo do seu sofrimento?".

Paulo parece estar dizendo que, se você é capaz de enxergar essas coisas, pensar nelas e ainda pecar, está demonstrando que não entende o evangelho, que sua "velha natureza" nunca foi crucificada, que ainda pensa na vida e a encara do jeito antigo!

Vemos, então, que o evangelho nos dá um incentivo novo e diferente para a vida piedosa, em relação àquele que tínhamos quando estávamos debaixo da lei como sistema de salvação. Na época em que usávamos a lei para nos salvar, nossos motivos para sermos obedientes eram medo e autoconfiança.

Romanos 6.1-14

Agora, no entanto, sabemos que Jesus morreu por nós a fim de que não pecássemos. Quando compreendemos o propósito da morte de Cristo e pensamos nisso com gratidão, descobrimos um novo incentivo para sermos santos! Ansiamos por ser aqueles que "se apresentam a Deus", e amamos sê-lo, porque sabemos que somos os "... vivificados dentre os mortos..." (v. 13).

Perguntas para reflexão

1. Existem pecados que você aprendeu a tolerar?
2. Pense em uma maneira pela qual você luta para não pecar. Como seria oferecer positivamente essa parte do seu corpo/caráter à justiça?
3. O que você vai fazer para "saber" com mais clareza e regularidade que morreu com Cristo?

ROMANOS ▪ CAPÍTULO 6 **VERSÍCULOS 15-23**
▪ CAPÍTULO 7 **VERSÍCULOS 1-6**

11. ESCRAVOS DE DEUS

Se não estamos "debaixo da lei", como vimos no versículo 14, isso quer dizer que somos livres para viver como bem entendermos?

Se a lei de Deus não é mais o caminho pelo qual somos salvos, isso quer dizer que não estamos debaixo de nenhuma obrigação de levar uma vida santa?

Essa é a essência da pergunta de Paulo no versículo 15. Embora as perguntas dos versículos 1 e 15 se pareçam, não são idênticas. No versículo 1, Paulo está querendo saber de modo bastante genérico: "Se somos salvos só pela graça, devemos continuar pecando?". Nos versículos 1 a 14, ele explica que o evangelho nos dá um novo incentivo para o viver piedoso, diferente do que tínhamos quando nos encontrávamos debaixo da lei como sistema de salvação. Quando compreendemos o propósito da morte de Cristo, descobrimos um novo incentivo para sermos santos ao pensar nele com gratidão.

> Quando compreendemos o propósito da morte de Cristo, descobrimos um novo incentivo para sermos santos.

Não se trata de medo e autoconfiança, mas de gratidão e amor. E, como já vimos, Paulo encerra a seção dizendo: "... não estais debaixo da lei, mas debaixo da graça" (v. 14).

O versículo 14 leva direto à pergunta do versículo 15. Se não nos encontramos mais debaixo da lei como sistema de salvação, estamos debaixo de alguma obrigação para com ela? Podemos fazer o que bem entendemos? Ainda precisamos continuar obedecendo aos Dez Mandamentos? Paulo começa a tratar de uma questão extremamente prática: quais são agora a motivação e o entendimento do cristão a respeito da obrigação na vida cotidiana? Por exemplo, os cristãos têm a obrigação de guardar um "momento silencioso" para suas devocionais diárias? Por que um cristão se levanta cedo para orar? Qual é a motivação interior que nos leva ao autocontrole, agora que não estamos mais "debaixo da lei" e, portanto, não temos medo de que Deus nos rejeite em razão do fracasso moral? Uma pergunta com grandes implicações práticas!

Escravos de alguma coisa

Como no versículo 1, Paulo dá uma resposta muito simples a essa pergunta: "... De modo nenhum" (v. 15). Por quê? Porque ser salvo não significa que você está livre de ter um senhor. Você pode ser escravo do pecado ou servo de Deus; só não pode não ser nenhuma dessas coisas nem as duas ao mesmo tempo.

Esse é o elemento essencial do ensino de Paulo nos versículos 16 a 22. Só existem dois senhores, e toda a humanidade serve a um ou ao outro:

- v. 16: escravos do pecado OU escravos [...] da obediência
- v. 17,18: escravos do pecado OU escravos da justiça
- v. 20-22: escravos do pecado OU escravos de Deus

Paulo primeiro afirma que ninguém é livre (v. 16). Todo mundo é escravo de alguma coisa ou de alguém! Todo mundo se oferece para "alguém". Todo mundo vive para alguma coisa. "Oferecemo-nos" como sacrifício sobre algum altar. Servimos todos a alguma causa, a algum "fator primordial" para nós; e essa coisa se torna senhor, e nós, seus escravos. Eis uma citação útil de Rebecca Manley Pippert:

> O que quer que nos controle é nosso senhor. Quem busca poder é controlado pelo poder. Quem busca aceitação é controlado pela [aceitação]. Não nos controlamos. Somos controlados pelo senhor da nossa vida.[1]

Parafraseando essa citação, podemos dizer que "nos oferecemos" àquilo que "buscamos" como nosso bem maior na vida, seja poder, seja aceitação, seja alguma causa. Então, nos tornamos "escravos" disso, seja o que for. Assim, ninguém está no controle da própria vida. Somos controlados por aquilo a que nos oferecemos. Quer nos consideremos religiosos quer não, temos um deus. Todos somos adoradores.

Na verdade, diz Paulo, existem fundamentalmente apenas dois tipos de mestres ou categorias de escravos. Podemos ser "... escravos do pecado..." ou da obediência (v. 17). Ser escravo do pecado é estar mesmo sujeito à escravidão de fato, pois ela conduz à morte. Ser escravo de Deus leva à justiça — amor, alegria, paz, autocontrole e bondade.

Portanto, o principal argumento de Paulo é o seguinte: qualquer um que pergunta se o cristão pode pecar é ignorante da natureza escravizadora do pecado. Em outras palavras: o cristão não tem de obedecer aos Dez Mandamentos para ser salvo, mas tem de obedecer aos Dez Mandamentos para ser um ser humano livre (e por conseguinte piedoso). Se não obedecer à lei de Deus, você se torna escravo do egoísmo e do pecado.

---

[1] *Out of the saltshaker and into the world: evangelism as a way of life* (Downers Grove: IVP, 1999), p. 53 [edição em português: *Evangelismo natural: um novo estilo de comunicar sua fé*, tradução de Emirson Justino da Silva (São Paulo: Mundo Cristão, 1999)].

Compare e contraponha

Algo que nos ajuda é ver como Paulo compara e contrapõe essas duas escravidões no que diz respeito a sua origem (v. 17,18) e desenvolvimento (v. 19).

Primeiro, elas têm *origens* diferentes. O tempo verbal traduzido como "... tendo sido..." (v. 17) é o imperfeito, mostrando que escravos do pecado é o que somos por natureza. Essa escravidão começa automaticamente; nascemos nela. Em contrapartida, a escravidão a Deus começa quando somos convertidos — quando, "... graças a Deus... [...] obedecestes de coração à forma de ensino a que fostes entregues" (v. 17). Observe os quatro elementos que se juntam para nos levar a essa nova condição.

1. "... forma de ensino...", significa que a conversão começa com um conjunto de verdades, uma mensagem específica com um conteúdo específico que precisa ser recebido. Isso sempre significa o evangelho.
2. "... de coração...", quer dizer que essa verdade condena e afeta o coração. Antes de o evangelho atingir o coração, é possível ter um "cristianismo" meramente intelectual ou comportamental, em que os princípios da ética cristã são seguidos de modo superficial. Mas a compreensão do evangelho muda o "fator primordial" da pessoa; mostra que você está "se oferecendo" (NVI) ao poder ou à aceitação etc. (i.e., ao pecado), mesmo que você seja exteriormente aceitável em termos morais.
3. "... obedecestes...", significa que, uma vez que a verdade do evangelho penetra o coração, ela se mostra na mudança de vida real. Existe uma "... obediência da fé" (Rm 1.5 — em certo sentido, o capítulo 6 responde à pergunta ou à objeção que Romanos 1.5 poderia suscitar).
4. "... graças a Deus..." quer dizer que todo esse processo acontece em virtude da graça de Deus.

Assim, em resumo, a escravidão ao pecado começa no nosso nascimento. A escravidão a Deus começa no nosso novo nascimento, quando a graça de Deus nos capacita a abraçar o evangelho no coração (mudando nossas motivações e nosso "fator primordial"), resultando em uma completa transformação de vida.

Segundo, o *desenvolvimento* da escravidão ao pecado e o da escravidão a Deus são muito semelhantes. No versículo 19 vemos que cada tipo de escravidão avança e aumenta. Nenhuma das duas permanece inalterada.

Assim, "... apresentastes os membros do vosso corpo como escravos da impureza e do mal cada vez maior..." (v. 19). A escravidão ao pecado resulta em deterioração ("... cada vez maior..."). Essa deterioração vem em virtude de IMPERATIVOS dos senhores da nossa vida — as coisas a que servimos — estarem buscando impor sua vontade no mundo por intermédio do nosso corpo. Ao agirmos a partir de um propósito determinado, a ação molda nosso caráter e nossa vontade, de modo que se torna mais fácil agir desse modo outra vez. Assim, apresentar nosso corpo ao pecado conduz à impureza e a um ciclo sempre crescente de pecado, ou "do mal".

> As coisas a que servimos estão buscando impor sua vontade no mundo por intermédio do nosso corpo.

C. S. Lewis tem uma descrição interessante de como a escravidão ao pecado se desenvolve em nossa vida hoje, e como ela acontece além do horizonte desta vida:

> O cristianismo afirma que todo ser humano individualmente viverá para sempre, e isso tem de ser ou verdadeiro ou falso. Ora, há uma boa quantidade de coisas com que não valeria a pena me incomodar se vou viver apenas setenta anos, mas

com que seria melhor me incomodar com muita seriedade se vou viver para sempre. Talvez meu mau humor ou meu ciúme estejam piorando aos poucos — tão devagar que seu crescimento em setenta anos não será muito perceptível. Mas, em um milhão de anos, podem ser um inferno: na verdade, se o cristianismo for verdade, inferno é o termo técnico exato para o que virá a ser.[2]

A escravidão a Deus funciona do mesmo modo. Apresentarmo-nos à "... justiça [leva à] santificação" (v. 19). Ao agirmos de acordo com a verdade, nosso caráter e nossa vontade são moldados em hábitos de santidade e justiça.

Vivendo nossa realidade

Esses versículos também nos ensinam como podemos viver a nossa liberdade do pecado, mantê-la e desfrutar dela.

Como no versículo 13, "... membros do vosso corpo..." (v. 19) não faz referência estrita a nossos braços e nossas pernas, mas a todos os nossos componentes aptos a levar a cabo um projeto ou propósito. Paulo diz que a "... impureza..." é uma motivação ou um propósito; "... [oferecer-lhe] os membros do nosso corpo" (NVI) é simplesmente "agir". Desse modo, vemos também que a escravidão a Deus é a consequência de um esforço ativo da nossa parte para "agir" de acordo com o que sabemos ser verdade a nosso respeito. "Oferecer nossos membros" significa que devemos agir de acordo com o que a Bíblia nos diz sobre a realidade.

Devemos nos lembrar de que o versículo 19 vem depois do versículo 18, no qual Paulo nos ensina que fomos "... libertos do pecado...". Como vimos nos dois últimos capítulos, a conversão nos transporta para um novo reino e coloca um novo

---

[2] *Mere Christianity* (London: MacMillan, 1969), p. 73 [edição em português: *Cristianismo puro e simples* (São Paulo: WMF Martins Fontes, 2009)].

poder em nosso interior. O pecado não pode mais nos forçar a nada. Assim, quando o versículo 19 diz "... oferecem-nos [os membros do vosso corpo] agora em escravidão à justiça..." (NVI), Paulo está dizendo: "Seja o que você é — deixe-se controlar em seu comportamento, não por sentimentos ou aparências, mas pelas realidades de que o evangelho lhe fala".

Como isso funciona de fato? Significa deparar com situações diárias e reconhecer a possibilidade de tratar Deus como meu bem maior, e, portanto, meu senhor, ou de tratar alguma outra coisa como meu bem maior, e, portanto, minha senhora.

Por exemplo, se alguém diz algo que faz com que as pessoas me vejam com maus olhos, ofereço-me como escravo a Deus ou ao pecado no mesmo instante. Poderia deixar meu desejo de que me vejam com bons olhos ser meu senhor, ou permitir que meu coração exclame: "Que desastre! Pareço um tolo! Tenho de desacreditar essa pessoa o quanto antes! Preciso lhe dar o troco!". Nesse ponto, agindo a partir desse tipo de pensamento (oferecendo-me a ele), responderei com amargura, com uma linguagem dura e assim por diante.

Ou poderia me lembrar de que agradar a Cristo é a motivação que me governa. Poderia fazer com que meu coração dissesse: "Bem, essa pessoa apontou (ainda que por um motivo odioso) um defeito que de fato necessito tratar. Felizmente, no entanto, Deus é meu juiz e aceitou-me em Jesus Cristo". Agindo com base nesse modo de pensar, vou me arrepender diante de Deus, em meu coração, pelo que sou culpado de verdade, e responderei de forma branda (como Pv 15.1 ordena) à pessoa que fez o comentário.

Perguntas para reflexão

1. Você é escravo de alguma coisa. Como o fato de se lembrar disso o ajudará da próxima vez que o pecado o tentar?

2. Como você usaria essa passagem para responder a alguém que lhe diz: "Não gosto do cristianismo porque ele restringe minha liberdade"?

3. Como você usaria essa passagem para responder a alguém que lhe diz: "Por que se dar ao trabalho de obedecer a Deus se ele já o aceita?".

SEGUNDA PARTE

A CONVERSÃO cristã é uma realidade e uma experiência maravilhosa demais para ser resumida e descrita com precisão em uma única ANALOGIA. Por isso, Paulo apresenta uma explicação quase apologética para seu uso da METÁFORA da escravidão: "Falo como ser humano, por causa da fraqueza da vossa carne..." (v. 19a). Precisamos de ajuda para compreender a maravilha e as implicações da nossa união com Cristo. E Paulo continua a fazer uso de imagens da escravidão. Ele mostrou que as origens da escravidão ao pecado e a Deus são diferentes; como vimos, no restante do versículo 19, ele diz que o desenvolvimento desses dois tipos de escravidão é semelhante. Em seguida, nos versículos 21 a 23, ensina que os *resultados* estão em oposição total.

Morte agora

Em certo sentido, ser escravo do pecado traz, sim, liberdade; mas só "... em relação à justiça" (v. 20). Quando alguém afirma que rejeita a Cristo por querer ser livre, está certo no sentido restrito de que é livre para viver da maneira que mais o satisfará e realizará; em todos os outros sentidos, é um escravo. Afinal de contas, Paulo pergunta a esses cristãos: "E que fruto colhestes das coisas de que agora vos envergonhais?..." (v. 21). A única resposta que pode ser dada é: "... Pois o fim delas é a morte".

Como o pecado produz a morte? Em última análise, ele traz condenação e separação de Deus por toda a eternidade. Mas Paulo faz alusão a uma "morte" que esses cristãos costumavam experimentar; uma morte que os não cristãos conhecem agora, bem como aquela que conhecerão no futuro. Está se referindo à fragilidade da vida. Eis como funciona: se você não obedece à lei de Deus, torna-se escravo do egoísmo, da luxúria, da amargura, do orgulho, do materialismo, da preocupação, da compulsão, do medo etc. Os seus pecados escravizantes dependem do seu "fator primordial", ao qual se entregou em vez de se oferecer a Deus. Por exemplo, se você é escravo do sentimento de aprovação, sentirá constantemente autopiedade, inveja, mágoas, inadequação. Se é escravo do sucesso, sentirá compulsão, cansaço, preocupação, medo e assim por diante. Qualquer coisa que você adore que não seja Deus promete muito, mas entrega menos que nada. Isso é escravidão: um círculo sem fim de busca por compreender algo ou se apoderar de algo que jamais pode realmente satisfazê-lo. O único proveito da idolatria é a desolação.

Por isso, as consequências da escravidão a Deus são uma antítese completa: "... o vosso fruto [é] a santificação e, por fim, a vida eterna" (v. 22). De novo, Paulo nos oferece um ponto de convergência presente e futuro. As pessoas que "se oferecem" para a obediência crescem no FRUTO DO ESPÍRITO, e qualquer um inundado de amor, alegria, autocontrole, bondade e assim por diante, experimenta a liberdade agora; e pode olhar à frente para dela desfrutar por toda a eternidade.

Afinal de contas, o pecado é um senhor que sempre paga em dia e à vista. O salário que ele paga "... é a morte..." (v. 23). O pecado paga o que merecemos pela obra que realizamos para ele. De outro modo, a escravidão a Deus leva à "... vida eterna em Cristo Jesus nosso Senhor". Paulo não está querendo dizer aqui que, assim como a obra pecaminosa produz a morte, as obras da justiça merecem a vida. Não, o pecado dá o que merecemos, mas a vida eterna é só e sempre "... o dom gratuito de Deus...". Servi-lo não nos conquista a salvação — por melhor que seja nosso serviço, só podemos confessar: "... Somos servos inúteis; fizemos somente o que devíamos fazer" (Lc 17.10). Mas aqueles que sabem ter recebido o maravilhoso "... dom gratuito de Deus [...] a vida eterna..." (v. 23) têm um novo senhor, um senhor que oferece a satisfação de se trabalhar para ele.

Casado com alguém

Agora, nos primeiros seis versículos do capítulo 7, Paulo dá uma segunda resposta à pergunta do versículo 15. O evangelho o liberta para viver do jeito que você bem entender? "Não!", protesta Paulo. "Você pode estar casado com a lei ou com Cristo, mas não pode não estar casado".

Nos versículos 1 a 3, Paulo fornece uma ilustração para um fato básico: a lei só restringe quem está vivo! A morte quebra o poder da lei. O casamento é um relacionamento legal que restringe, mas somente se tanto o marido quanto a mulher estiverem vivos — "... a lei tem domínio sobre o homem enquanto ele vive" (v. 1). Se qualquer um dos dois morre, ambos estão livres da lei do casamento — não estão mais "ligados" (v. 2). No caso da esposa, a morte do marido é o que faz a diferença entre outro relacionamento que ela mantém ser adultério ou ser um casamento legítimo (v. 3); e vice-versa.

Nos versículos 4 a 6, Paulo aplica isso a nós. Enquanto é a morte do marido que liberta a esposa para casar de novo, no nosso caso é a nossa morte (em Cristo) que nos liberta para contrairmos "novo matrimônio". Não há um paralelo completo na analogia, mas o princípio é o mesmo. Tornar-se cristão é uma transformação total no que tange ao relacionamento e à obediência.

Que metáfora incrível — estamos casados com Cristo! Ser cristão é apaixonar-se por Jesus e participar de um relacionamento legal, ainda que pessoal, tão abrangente quanto o casamento.

Quando você se casa, nenhuma parte da sua vida fica sem ser afetada. Assim, embora os cristãos não estejam "debaixo da lei", têm cada aspecto da vida transformado pela chegada de Jesus Cristo. Nenhuma área permanece intocada.

> Estamos casados com Cristo! Ser cristão é apaixonar-se por Jesus.

Estar "casado com Cristo" é a resposta final à pergunta: "O cristão pode viver como bem entende?". Não, porque estamos apaixonados por Cristo!

Casamento implica em uma perda significativa de liberdade e independência. Não se pode viver como se bem entende e pronto. A pessoa solteira pode tomar decisões unilaterais, mas a casada, não. Há deveres e obrigações. Mas, em contrapartida, existe agora a possibilidade de uma experiência de amor, intimidade, aceitação e segurança que você não conheceria sendo solteiro. Em virtude desse amor e dessa intimidade, a perda de nossa liberdade é um prazer, não um fardo. Em um bom casamento, a vida inteira é afetada e transformada pelas vontades e pelos desejos da pessoa a quem se ama. Você tem prazer em lhe proporcionar prazer; busca descobrir as vontades do ser amado e fica feliz em implementar mudanças de acordo com essas vontades.

Então, agora, Paulo nos dá a resposta definitiva sobre como vivem os cristãos. Não estamos "... debaixo da lei...", no sentido de que não obedecemos à lei por medo de rejeição. Em outras palavras, não usamos a lei como um sistema de salvação, um modo de aceitação ou de acesso a Deus, uma escada até ele. Não! A vida e a morte perfeitas de Jesus são a escada para Deus, e nele somos aceitos.

Agradando a Cristo

Os versículos 5 e 6 do capítulo 7 são paralelos, na figura do casamento usada por Paulo, aos versículos 19 a 22 do capítulo 6, em sua metáfora da escravidão. Ao estarmos casados com a lei e sermos dominados por nossa velha natureza pecaminosa, nossas paixões pelos pecados foram "... suscitadas pela lei..." (v. 5 — uma ideia que veremos Paulo expandir mais à frente, em Romanos 7). E, assim, com nossos desejos pecaminosos inflamados, nós "frutificamos", o que (como já vimos) levou à "morte" tanto presente quanto eterna. Em contrapartida — "Mas agora..." —, fomos desobrigados do casamento por meio da nossa própria morte em Cristo (v. 6). Sendo casados com Cristo e habitados pelo Espírito, servimos "... na novidade do Espírito..." (um tema em que Paulo se concentrará em Romanos 8).

Mas, então, o cristão ignora a lei moral de Deus? Não, em absoluto. Olhamos agora para ela como uma expressão dos desejos de Deus. Ele ama a sinceridade, a pureza, a generosidade, a verdade, a integridade, a bondade e assim por diante. Hoje usamos a lei para agradar aquele que nos salvou. Então, não estamos "... debaixo da lei...". Não estamos casados com ela. Estamos casados com Cristo; buscamos agradá-lo, de modo que os preceitos da lei são modos de honrar Aquele a quem amamos. Eles não são um fardo — temos uma nova motivação (o amor por nosso Marido) e obedecemos dentro de um novo contexto (a aceitação com base no fato de que Cristo, e não nós, cumpriu a lei).

Alguém poderia dizer: "Se pensasse que fui salvo inteiramente pela graça e que não podia ser rejeitado, eu perderia todo incentivo para levar uma vida santa". A resposta é: "Bem, então, todo o incentivo que você tem hoje é o medo da rejeição. Você está debaixo da lei. Se compreender que é aceito, seu novo incentivo é a alegria e o amor gratos. Esse é o incentivo correto".

Obedecemos àquele a quem oferecemos nosso serviço. Vivemos para agradar aquele com quem estamos casados. Houve época em que fomos escravos do pecado — nós o obedecíamos. Houve uma época em que fomos casados com a lei; controlados por nossa natureza pecaminosa — buscando ou a religião cheia de justiça própria ou a LICENCIOSIDADE autocentrada —, vivíamos para agradá-la. Mas nossa morte no "... corpo de Cristo..." (v. 4) mudou tudo, completa e eternamente. Somos escravos de Deus — como poderíamos pecar, e por que o faríamos?! Pertencemos a Cristo como sua noiva, sabendo que ele morreu por nós — como poderíamos não viver para agradá-lo, por gratidão amorosa para com ele? E por que o faríamos? A identidade do cristão — o relacionamento do cristão com Deus — é a resposta definitiva para a pergunta de Paulo em Romanos 6.15. É saber que você está em Cristo que o leva a dizer, do fundo do coração: "Viverei neste momento como um escravo do pecado, casado com a lei? De modo nenhum!".

Perguntas para reflexão

1. Você consegue pensar em exemplos do seu passado, ou da vida de pessoas que você conhece, de como a escravidão ao pecado é um tipo de "morte"?

2. Como a imagem de pertencer a Cristo no casamento motiva você a viver de modo a agradá-lo?

3. Que diferença prática essa imagem precisa fazer em sua vida hoje?

ROMANOS ▪ CAPÍTULO 7 | **VERSÍCULOS 7-25**

12. GUERRA CONTRA O PECADO

O versículo 7 introduz mais uma questão: "... A lei é pecado?...". Paulo antevê que seu argumento nos versículos 1 a 6 — de que fomos "casados" com a lei, mas hoje estamos libertos dela por nossa morte em Cristo, com quem agora estamos casados — levará seus leitores a se perguntarem se a lei, da qual necessitamos ser "libertos" e que agora é "... a velhice da letra" (v. 6), é em si uma coisa ruim.

O que a lei faz

De novo, existe uma resposta (muito) curta, seguida de outra (bem!) mais longa. A resposta curta é: "... De modo nenhum..." (v. 7). Não há nada de errado com a lei de Deus. Mas precisamos entender *para que* ela serve.

O propósito principal da lei é nos mostrar o caráter do pecado. Esse é o único modo de entender muitas das declarações que Paulo faz nesses versículos; por exemplo: "... eu não conheceria o pecado se não fosse pela lei..." (v. 7). Mas como ela faz isso?

Primeiro, a lei define o pecado para nós: "... eu não conheceria a cobiça, se a lei não dissesse: Não cobiçarás" (v. 7). Quer dizer que até o conceito de inveja/cobiça é delineado pela lei. Sem esse padrão, Paulo não teria compreendido que isso é pecado.

Segundo, a lei revela o pecado em nós: "... onde não há lei, o pecado está morto" (v. 8). Pelo que essa afirmação indica, quando o mandamento de Deus chega até nós, na verdade

Romanos 7.7-25

intensifica e instiga o pecado em nosso coração, mostrando-nos não apenas o que é o pecado em geral, mas como ele reside em nosso interior. Paulo reitera essa ideia no versículo 13: "... Mas o pecado, para que se mostrasse como pecado, produziu [...] a morte [...] a fim de que pelo mandamento o pecado se mostrasse extremamente pecaminoso". Ele descreve uma situação em que descobriu que, quanto mais tentava evitar a cobiça e a inveja, mais elas aumentavam! Ao estudar a lei, o pecado em sua vida se tornou pecaminoso ao extremo, isto é, muito pior e imperdoável por completo. Então ele pôde enxergar sua condição de pecador e sua necessidade.

A ideia que Paulo está tentando transmitir é a de que a lei não pode nos salvar — esse nunca foi e nunca poderia ser seu propósito, porque ela fora dada aos pecadores; mas a lei pode e deve nos mostrar que necessitamos ser salvos — que somos pecadores. A menos que ela cumpra seu papel, não nos voltaremos para Cristo. Viveremos negando a profundidade e a natureza do nosso pecado. Em outras palavras, precisamos da lei para nos "CONDENAR" do pecado antes de conseguirmos ver nossa necessidade da graça de Deus em Cristo ou de a desejarmos.

Como o pecado usa a lei

Paulo está ensinando outra coisa além do fato de que a lei nos mostra nosso pecado. A lei, diz ele, na verdade piora ou provoca o pecado em nós. "Mas o pecado, *aproveitando-se da ocasião dada pelo mandamento*, provocou em mim todo tipo de [desejo pecaminoso] [...] quando veio o mandamento, o pecado reviveu..." (v. 8,9, grifo do autor).

Como o pecado faz isso? A resposta básica é que existe uma "perversidade" em nosso coração. "Perversidade" é o desejo de fazer algo sem outro motivo, exceto pelo fato de ser proibido. É uma alegria em transgredir pelo transgredir. A ideia que Paulo está defendendo é que até o mandamento contra uma coisa ruim chegar até nós, podemos sentir pouca vontade de praticá-la. Mas, ao ouvirmos o mandamento, nossa "perversidade" inata é atiçada e pode assumir o controle.

Essa percepção é a porta para o entendimento da anatomia do pecado — o que ele é em essência. Agostinho tem uma análise clássica dessa questão em sua obra *Confissões*. Ele descreve uma ocasião em que roubou peras quando menino, e então tira algumas conclusões profundas dessa experiência:

> Perto da nossa vinha havia uma pereira carregada, embora as frutas não fossem particularmente atraentes nem pela cor, nem pelo sabor. Eu e alguns outros [...] jovens tivemos a ideia de sacudir as peras da árvore e levá-las embora. Partimos tarde da noite [...] e roubamos todas as frutas que conseguimos carregar. Não foi para nos alimentarmos; podemos ter provado algumas, mas depois jogamos o resto aos porcos. Nosso verdadeiro prazer se limitou ao fato de fazermos algo que não era permitido. Eu tinha abundância de peras melhores; só peguei aquelas a fim de me tornar um ladrão. Depois de pegá-las, eu as joguei fora, e tudo que provei delas foi minha própria iniquidade, da qual desfrutei muito.[1]

> O motivo subjacente e fundamental do pecado é brincar de Deus.

Agostinho está dizendo que sempre há um "motivo de fundo" para cada pecado. Quando alguém mente, ou rouba, ou é impuro ou cruel, há sempre um motivo superficial. Ou é a ganância ou a ira, e assim por diante. A experiência de Agostinho com a pereira (e seu estudo das Escrituras!), no entanto, mostrou-lhe que o motivo subjacente

---

[1] Augustine, *Confessions* (New York: Mentor/Penguin, 1963), livro II, cap. 4 [edição em português: Agostinho: *Confissões*, 3 ed., tradução de Maria Luíza Jardim Amarante (São Paulo: Paulus, 2006)].

e fundamental do pecado é brincar de Deus. Imagine-se falando para Deus, ele continua:

> De um modo PERVERSO, todos os homens imitam a ti, que os coloca longe de ti [...] O que foi que amei naquele meu roubo? De que maneira inepta e maldosa eu imitei meu Senhor? Considerei agradável infringir tua lei [...] impune [...] produzindo assim uma sombra obscura da ONIPOTÊNCIA? Que visão! O servo que foge de seu senhor e segue uma sombra! [...] Poderia eu desfrutar do que foi proibido sem nenhuma outra razão exceto por ser proibido?[2]

Temos um desejo profundo de estar no comando do mundo e da nossa vida. Queremos ser SOBERANOS. Cada lei que Deus estabelece viola nossa soberania absoluta. Lembra-nos de que não somos Deus e nos impede de sermos soberanos para vivermos como bem entendemos. Em essência, o pecado é uma força que odeia toda violação desse tipo. Ele deseja ser Deus. Qual foi a primeira tentação da serpente, no jardim do Éden? Foi "...sereis como Deus..." (Gn 3.5). Essa foi a essência do primeiro pecado e também é a essência de todos os nossos pecados.

Portanto, como a essência do pecado é o desejo de brincar de Deus — de não ter nenhuma violação da nossa soberania —, toda lei incitará o pecado em sua força e poder originais. Quanto mais somos expostos à lei de Deus, mais essa força pecaminosa será provocada para reagir.

Vivendo sem a lei

Paulo conta que houve um tempo, "Antes...", em que ele "...vivia sem a lei..." (v. 9). Ele passa a impressão de se referir a uma experiência passada, mas muito se tem discutido sobre o

---

[2] Ibidem, livro II, cap. 6.

que ele quer dizer aqui. É impossível que um menino judeu, de família religiosa, se mantivesse "sem a lei" no sentido de não a conhecer nem tentar obedecê-la. Não teria havido nenhum período de sua vida anterior à conversão em que Paulo não tivesse nenhuma relação com a lei. Assim, quase com certeza, "... sem a lei..." significa que ele nunca enxergara as exigências reais e essenciais da lei. Não compreendera o que a lei de fato exigia. Via uma superabundância de regras, mas não a força básica ou o impulso da lei como um todo. Não tinha nenhum entendimento da santidade, do que significava amar a Deus acima de tudo, do que significava amar ao próximo como a si mesmo. Portanto, vivia "sem a lei".

No entanto, o que quer dizer "[eu] vivia" nesse versículo? É provável que Paulo se referisse à percepção de si mesmo. Sentia-se espiritualmente vivo — agradando a Deus, satisfazendo-o. Conta-nos que a percepção de estar vivo se devia à sua ignorância do que a lei de fato pedia. Assim, "... quando veio o mandamento [...] eu morri". Isso significaria que, na sequência, algo aconteceu para lhe mostrar que ele não agradava a Deus em absoluto, mas, sim, que se encontrava debaixo de condenação. Em linguagem bastante explícita, Paulo declara: "Constatei que estava morto! Pensava que estava me saindo muito bem em termos espirituais. Achava-me bom ou melhor do que a maioria — até ser esmagado por um senso de fracasso e condenação".

O que provocou essa mudança de consciência? Paulo escreve "... veio o mandamento..." (v. 9). É evidente que a lei de Deus "viera" ao mundo séculos antes, de modo que Paulo não podia estar falando sobre o mandamento "vir" ao mundo de alguma forma. Antes, devia estar querendo dizer: "O mandamento se tornou absolutamente claro para mim". Embora já tivesse uma consciência, agora as exigências da lei moral atingiram Paulo de verdade e com toda força. Ocorreu-lhe o que costuma ser chamado de convencimento do pecado.

Lembre-se, isso não quer dizer que Paulo nunca tivesse enxergado que pecou, nem que não tivesse visto o mandamento antes. Mas, enfim, ele se deu conta de que estava "morto", condenado — perdido por causa de seu fracasso completo e de sua incapacidade de guardar a lei de Deus. Fora um fariseu orgulhoso, certo da posição que ocupava diante de Deus (At 26.4,5; Fp 3.4b-6) — até estudar a lei e constatar que era um pecador com sérios problemas. "Morrer", nesse sentido, significa ver que você é um fracasso moral, que está perdido e que não pode salvar a si próprio.

Interno, não externo

O versículo 8 sugere que o mandamento que "matou" Paulo foi: "Não cobiçarás". Isso não surpreende, pois Paulo tinha sido fariseu, e os fariseus só pensavam no pecado da perspectiva de ações externas. Achavam que, desde que você não praticasse um ato maligno, não era culpado de pecado. Isso tornava muito mais fácil considerar-se uma pessoa obediente, cumpridora da lei.

Mas Jesus mostrou que todos os Dez Mandamentos se referem não só a comportamentos, mas a atitudes e motivações internas. Com efeito, o Senhor disse: "Ouvistes o que foi dito: 'Não matarás'. Mas isso quer dizer que tampouco deveríamos ser amargos ou odiar nosso próximo!" (veja Mt 5.21,22).

No entanto, ao ler os Dez Mandamentos conforme foram escritos (Êx 20.1-17), você poderia com facilidade encará-los apenas do ponto de vista do comportamento exterior e manifesto. Por isso, seria muito tranquilo conferi-los um a um, dá-los por cumpridos e sentir-se espiritualmente "vivo". Poderia dizer: "Não adorei ídolos, não desobedeci meus pais, não matei, nem menti, não roubei ou cometi adultério. Estou me saindo muito bem!". Em outras palavras, é possível fazer uma interpretação superficial da lei, vendo-a como simples regras de comportamento nada difíceis de cumprir.

Mas a verdade é que só se pode ler os mandamentos desse modo até chegar ao décimo. Não há como reduzir a algo externo o último mandamento. "Não cobiçarás" está totalmente relacionado a atitudes internas e questões do coração. "Cobiçar" é estar insatisfeito com o que Deus lhe tem dado. "Cobiçar" inclui inveja, autopiedade, reclamação e murmuração. Cobiçar não é "desejar" apenas, mas um anseio idólatra por mais beleza, riqueza, aprovação e popularidade do que se tem. Não é errado querer essas coisas, mas se você fica amargurado e deprimido quando não as alcança, é porque seu desejo por elas se transformou em cobiça idólatra.

Paulo nunca compreendera o pecado como uma questão de anseios interiores e impulsos e desejos idólatras. Ele nunca vira o pecado da "cobiça" como algo contra Deus na essência, ou seja, deixar de amá-lo a ponto de não se sentir contente. Pensava no pecado só como violação de regras. Assim, o que aconteceu quando Paulo de fato leu e entendeu de verdade o décimo mandamento? Ele percebeu que esses mandamentos, dados para mostrar ao povo de Deus como viver em seu mundo, "... na verdade trouxeram morte..." (v. 10), NVI. Por quê? Porque o pecado, usando o mandamento, "... enganou-me..." (v. 11), provocando "... todo tipo de cobiça..." (v. 8) — e, por isso, ele violou o mandamento. O pecado então o matou (v. 11). A falha não estava na lei — muito pelo contrário (v. 12): a falha estava em Paulo, o pecador. Por fora, ele podia ser muito moral e correto; por dentro, não podia ser outra coisa, senão um pecador.

Perguntas para reflexão

1. Pense em sua jornada de fé em Cristo. Como você enxerga as verdades desses versículos em sua vida?
2. De que modo, e por que motivo, é bom ser lembrado de que os mandamentos dizem respeito a atitudes internas, em vez de estarem relacionados a comportamentos externos?

3. Há maneiras pelas quais você é tentado a ter uma visão farisaica da lei de Deus e da vida cristã?

SEGUNDA PARTE

Tudo isso leva Paulo a propor mais uma pergunta: "Então, o que era bom tornou-se em morte para mim?..." (v. 13). Ou seja: "A lei é uma assassina?". "... De modo nenhum...", ele responde; foi o pecado que o matou, operando "... por meio do que era bom..." (i.e., a lei). O pecado é o assassino; a lei, que é boa, é sua arma.

Paulo, o incrédulo, ou Paulo, o crente?

No resto do capítulo 7, Paulo discorre sobre sua experiência de luta contra o pecado. Ele fala de si mesmo como um incrédulo ou como um crente? Uma pergunta difícil, e muita gente ponderada tem se colocado de ambos os lados da questão. Há quem acredite que um crente não poderia falar como Paulo faz ao dizer: "... eu sou limitado pela carne, vendido como escravo do pecado" (v. 14). Além disso, ele praticamente confessa que peca com regularidade, por compulsão até: "... não pratico o que quero, e sim o que odeio" (v. 15); "... o querer o bem está em mim, mas não o realizá-lo" (v. 18). Por conseguinte, ao longo do tempo, muita gente tem concluído que Paulo fala de si mesmo antes da conversão.

Quero defender a ideia de que Paulo se refere a sua experiência presente — a sua vida cristã. As evidências:

- Há uma mudança de tempo verbal. Os verbos dos versículos 7 a 13 estão no passado, mas, do versículo 14 em diante, todos eles estão no presente. Uma leitura natural nos diria que Paulo fala do próprio "agora".
- Há uma mudança de situação. Os versículos 7 a 13 falam sobre o pecado "matando-o". Ele está morto. Mas, a partir

do versículo 14, Paulo descreve uma luta em andamento contra o pecado, em que ele se debate, mas não se entrega.
- Paulo se deleita na lei de Deus: "Porque, no que diz respeito ao homem interior, tenho prazer na lei de Deus" (v. 22), embora o pecado continue a operar dentro dele. Os descrentes não conseguem se deleitar na lei de Deus no fundo do coração: "A mentalidade da carne é inimiga de Deus, pois não está sujeita à lei de Deus, nem pode estar" (8.7). Isso nega categoricamente que qualquer descrente possa se deleitar na lei de Deus, constituindo-se assim em um argumento forte de que o versículo 22 não pode ser as palavras de um incrédulo.
- Paulo se reconhece um pecador perdido: "Porque eu sei que em mim, isto é, na minha carne, não habita bem algum..." (v. 18). Os descrentes ignoram o fato de estarem perdidos e serem tão pecadores a ponto de não conseguirem salvar a si próprios. Na verdade, até os crentes imaturos tendem a se sentir confiantes em excesso, sem perceber a profundidade da corrupção do próprio coração.

Portanto, as evidências contidas no texto apontam para o fato de o falante ser o "Paulo presente" — um crente maduro —, embora essa seja uma questão em que pessoas sábias e piedosas tenham respeitosamente discordado.

Lei, lei e lei

Então, se Paulo está falando da experiência de viver como um seguidor de Jesus, o que ele nos ensina? Sua intenção fica mais clara se entendermos que ele usa a palavra "lei" de três modos distintos nesses versículos:

1. Às vezes, "lei" quer dizer a lei de Deus (como nos v. 14, 16, 22, 25).

2. No versículo 21, Paulo usa a palavra "lei" para denotar um princípio: "... descubro esta lei em mim...". Ou seja: "Descubro que esse é um princípio geral — quanto mais tento fazer o bem, mais o mal vem a mim".

3. Nos versículos 23 e 25, ele usa a palavra "lei" com o sentido de uma força ou poder. "Mas vejo nos membros do meu corpo outra lei [...] a lei do pecado...". Está dizendo: "No fundo do meu coração — no meu homem interior (v. 22), na minha mente (v. 23) — deleito-me na lei de Deus. A lei de Deus é agora o poder principal em meu coração e em minha mente. Mas existe outro poder dentro de mim — o poder do pecado. Ele não é a influência dominante do meu coração, mas ainda está dentro de mim e guerreia contra meus desejos mais profundos de santidade".

O verdadeiro "eu"

Paulo expõe sua luta interior — vivenciada por toda pessoa convertida — nos versículos 14 a 17, e depois a recapitula nos versículos 18 a 20, antes de resumir tudo nos versículos 22 e 23.

De certa forma, agora nos identificamos com a lei de Deus. O cristão agora consegue enxergar a lei de Deus como "... espiritual..." (v. 14); é capaz de desejar guardá-la (v. 15,18); pode concordar "... que a lei é boa" (v. 16). Nada disso era possível antes de nos convertermos. Mas Paulo afirma ainda que é no seu "... homem interior..." que encontra prazer na lei. Isso equivale a dizer "no fundo do coração" ou "em meu verdadeiro 'eu'" (algumas traduções apresentam "no íntimo do meu ser"). Paulo reconhece aqui que todos temos consciência dos desejos conflitantes. Em certo sentido, temos "múltiplos 'eus'". Às vezes queremos ser isto; outras vezes, aquilo. Moralmente, a maioria das pessoas se sente "dividida" entre diversos "eus". Freud chegou a ponto de falar em uma "libido" interior (cheia de desejos primitivos) e em um "superego" (a consciência repleta de padrões sociais e familiares). A grande questão com que todos deparamos: "Tenho desejos discordantes, 'eus' diferentes. Qual é meu verdadeiro 'eu'? O que desejo mais?".

> A grande questão com que todos deparamos: Qual é meu verdadeiro "eu"? O que desejo mais?.

Para o cristão, a questão está resolvida, embora o conflito não esteja. A lei de Deus é nosso deleite "interior", "... a lei da minha mente..." (v. 23). Claro, Paulo vê que ainda existe uma força poderosa de pecado e rebeldia interior, mas esses desejos não são "ele" de verdade: "... já não sou eu quem o faz, mas o pecado que habita em mim" (v. 20). O cristão passou por uma transformação de identidade. Como vimos no capítulo 6, ele — o verdadeiro "eu" — busca a Deus de verdade e ama sua lei e santidade. Embora o pecado permaneça em mim com muita força, não controla mais minha personalidade e minha vida. Ainda pode nos levar à desobediência a Deus, mas, agora, o comportamento pecaminoso vai contra nosso autoentendimento mais profundo. Mesmo na derrota, o cristão tem uma mudança de consciência: o "eu", o *verdadeiro* "eu", ama a lei de Deus. O pecado, por outro lado, é "ele".

Contudo, embora ame a lei de Deus, o cristão ainda tem um centro poderoso de pecado em seu interior, o qual busca "... o que odeio" (v. 15). O descrente não pode guardar a lei (v. 7-13); mas tampouco o crente! Muita gente fica confusa porque Paulo parece não só caracterizar sua condição presente como uma luta, mas quase como uma derrota: "... sou limitado pela carne, vendido como escravo do pecado" (v. 14). Todavia, a razão pela qual Paulo tende a pôr as coisas desse modo é porque olha para a própria luta de uma perspectiva específica. Ele está enfatizando que, por si próprio, mesmo sendo cristão, você é incapaz de guardar a lei. Observe que ele usa o pronome "eu" diversas vezes. Ou seja, Paulo está dizendo: "Por mim mesmo, continuo incapaz de viver como deveria". Embora exista uma nova identificação, amor e deleite na lei de Deus, o cristão ainda é absolutamente incapaz de guardá-la.

Advertência e conforto

As palavras de Paulo aqui são tanto uma dupla advertência quanto um conforto maravilhoso para nós.

Primeiro, elas nos advertem de que ninguém jamais avança tanto na vida cristã a ponto de não mais enxergar o próprio pecado. Quem diz isso é o apóstolo Paulo! Se algum dia nos virmos "acima" do pecado, se algum dia nos sentirmos cristãos bastante bons, estaremos enganados. Pois, quanto mais maduros e espiritualmente capazes de discernir nos tornamos, mais enxergamos o pecado em nosso coração. Quanto mais santos ficamos, menos santos nos sentiremos. Não se trata de falsa modéstia. Mesmo quando sabemos e nos vemos progredindo em relação aos maus hábitos e às más atitudes, haveremos de nos tornar mais conscientes das raízes rebeldes e egoístas ainda em nosso interior. Quanto mais santos somos, mais choramos por nossa impiedade.

Segundo, somos advertidos de que ninguém avança tanto a ponto de não lutar contra o pecado. É muito importante esperar a luta contra nossa natureza pecaminosa. Na verdade, como o urso ferido é mais perigoso que o urso sadio e feliz, nossa natureza pecaminosa poderia ficar mais estimulada e ativa porque o novo nascimento a feriu de morte. John Owen, um puritano do século 17, escreveu:

> Como um homem pregado à cruz, ele primeiro luta e se esforça e clama com grande força e poder [embora] seu sangue e suas [energias] definhem e seus esforços esmoreçam e se tornem mais raros [...] [Assim,] quando [o cristão] avança sobre uma paixão ou um [pecado] para o tratar, esse problema luta com

grande violência para se libertar; grita com ardor e impaciência para ser satisfeito e liberto [...] Pode sofrer [...] uma angústia da morte com aparência de grande vigor e força, mas que logo se esvai, ainda mais se privado de considerável sucesso.[3]

Mas esta passagem também nos traz grande conforto. É típico, quando lutamos contra o pecado, pensarmos que devemos ser pessoas terríveis, abomináveis ou imaturas para enfrentar esse tipo de luta. Contudo, a passagem de Romanos 7 nos encoraja, no sentido de que a tentação e o conflito com o pecado — e mesmo algumas recaídas no pecado — são coerentes com o fato de sermos cristãos em desenvolvimento.

Os clamores do seu coração

Isso quer dizer que o coração do cristão clama por duas coisas ao mesmo tempo, como Paulo. Primeiro, há o clamor desesperado de esmorecimento quando olhamos para nossos esforços e fracassos: "Desgraçado homem que sou! Quem me livrará do corpo desta morte?" (v. 24). Quando lemos corretamente a lei de Deus e olhamos para nossa vida com sinceridade, só podemos concluir que somos "desgraçados". Sem aceitar isso, jamais entenderemos a glória do evangelho. Nunca apreciaremos o evangelho da justiça recebida. Só se nosso coração clamar de verdade diante de nossa desgraça poderemos conhecer a esperança e a libertação de desviar os olhos de nós mesmos e voltá-los para o que Deus fez. Quem resgatará Paulo, e a nós? "Graças a Deus por Jesus Cristo, nosso Senhor!..." (v. 25).

> Sem aceitar que somos desgraçados, jamais entenderemos a glória do evangelho.

---

[3] "On the mortification of sin in believers", in: *Temptation and sin* (Grand Rapides: Zondervan, 1958), p. 30 [edição em português: *Tentação e mortificação do pecado: o que todo cristão precisa saber* (São Paulo: PES, 2000)].

Por seus próprios esforços, Paulo sabe que fracassará. Ele pode "... com a mente [servir] à lei de Deus...", mas "... com a carne, à lei do pecado" (v. 25). E assim, de certa forma, os versículos 24 e 25 olham tanto para trás, para tudo que aconteceu antes na carta de Paulo, quanto para a frente, para o que ainda acontecerá. Não existe em nós mesmos nenhuma esperança para nossa salvação, nem para nossa obediência. Tudo que somos e tudo que fizemos só merece juízo. Para nossa salvação, só podemos olhar para o Filho de Deus, que morreu em uma cruz por nós, como Paulo demonstrou nos capítulos 1 a 4. Para nossa esperança, só podemos descansar em sua justiça, como vimos nos capítulos 5 e 6. E para nossa obediência ininterrupta, para qualquer transformação real, necessitaremos confiar, não em nossos esforços, como o capítulo 7 estabeleceu, mas na obra do Espírito de Deus, que transformará nossa vida e nossos relacionamentos, como o restante de Romanos mostrará.

Somos "desgraçados". Deus não. Por meio de seu Filho, ele nos resgatou e, por meio de seu Espírito, está nos transformando, para que possamos desfrutar dele para sempre. Graças sejam dadas a Deus — por meio de Jesus, nosso Senhor.

Perguntas para reflexão

1. Como a realidade da vida cristã de Paulo encoraja você em sua própria vida?

2. Por que é libertador conseguir ser sincero acerca da sua desgraça e ter certeza de que você foi perdoado? O que acontece se nos esquecermos de qualquer uma dessas verdades?

3. De que forma todo o conteúdo dos capítulos 1 a 7 de Romanos mudou seu amor por Cristo, seu desejo de servi-lo e sua visão de si mesmo?

APÊNDICE 1: UM ESBOÇO DE ROMANOS 1—7

1.1-7   A obra da vida de Paulo: o evangelho
v. 1   A vida inteira de Paulo diz respeito ao evangelho
v. 2   A Bíblia (Antigo Testamento) inteira diz respeito ao evangelho
v. 3,4   O evangelho tdiz respeito a Jesus, o Deus-homem
v. 5,6   O evangelho leva à obediência pela fé
v. 7   Saudações!

1.8-15   O objetivo de Paulo: pregar o evangelho em Roma
v. 8-10   Paulo quer ir a Roma
v. 11-15   Embora sejam cristãos, Paulo espera abençoá-los pregando o evangelho também para eles

1.16,17   A tese de Paulo: o evangelho em poucas palavras
As características do evangelho
v. 16a   O evangelho destrói a vergonha (seus efeitos)
v. 16b   O evangelho é uma força viva (seu poder)
v. 16c   O evangelho pode salvar qualquer um (sua abrangência)
v. 16c   O evangelho salva só aqueles que creem (sua condição)
v. 16d   O evangelho veio para os judeus primeiro, depois para os gentios (sua história)
O conteúdo do evangelho
v. 17a   Deus revela seu perfeito recorde de justiça e o oferece a nós
v. 17b   A justiça de Deus é recebida pela fé em caráter permanente e exclusivo
v. 17c   Recebê-la resulta em um novo modo de vida

APÊNDICE 1: Um esboço de Romanos 1—7

1.18 **A ira de Deus: revelada e merecida**
v. 18a Revelada: a presença da ira de Deus no mundo hoje
v. 18b Merecida: conhecemos a verdade, mas a suprimimos para viver como queremos

1.19-25 **A ira de Deus merecida — somos "... indesculpáveis..."**
Deus manifesta sua glória
v. 19 A existência de Deus é manifesta abertamente
v. 20 A natureza de Deus (poder e divindade) é revelada na ordem criada
A humanidade rejeita a verdadeira adoração e a verdadeira glória
v. 21a A recusa de glorificar ou agradecer o Criador
v. 21b Os verdadeiros processos de raciocínio e as emoções claras se perderam
A humanidade constrói adoração e glória falsas
v. 22,23 Todas as religiões e ideologias falsificadas adoram algo criado
v. 24 A adoração falsificada leva à escravidão e ao vício ("... os entregou...")
v. 25a A adoração falsificada se baseia na crença em um conjunto particular de mentiras
v. 25b Resumo: se não adorarmos o Criador, adoraremos alguma coisa criada

1.26-32 **A ira de Deus revelada — "... recebendo [...] a devida recompensa..."**
v. 26a O princípio da ira de Deus: ele nos entrega à nossa falsa adoração
v. 26b,27 Os efeitos da ira de Deus sobre os desejos
v. 28-32 Os efeitos da ira de Deus sobre a mente e a vontade

2.1-3 **Somos julgados de acordo com nosso conhecimento (primeira parte)**

APÊNDICE 1: Um esboço de Romanos 1—7

v. 1	Julgar alguém produz dupla condenação (tanto do julgado quanto do julgador). Por quê?
v. 2	O juízo de Deus é totalmente justo
v. 3	Seremos julgados pelos mesmos padrões que usamos para julgar os outros; assim, pessoas morais e religiosas estão julgando a si próprias.

2.4,5 Somos julgados de acordo com a paciência de Deus

v. 4	Deus nunca nos dá o que merecemos, mas tenta nos levar ao arrependimento por meio de bênçãos
v. 5	Mas a paciência de Deus conduzirá a maior julgamento no fim, se o rejeitarmos

2.6-8 Somos julgados de acordo com nossas obras

v. 6	O princípio
v. 7	A vida eterna vem para quem busca a glória
v. 8	A ira vem para quem busca o ego

2.9-11 Não somos julgados de acordo com nossa linhagem

v. 9	Problemas para quem busca o ego, independentemente dos antecedentes
v. 10	Honra aos que buscam a glória, independentemente dos antecedentes
v. 11	Deus é um juiz imparcial

2.12-16 Somos julgados de acordo com nosso conhecimento (segunda parte)

v. 12,13	Somos julgados segundo a lei de Deus apenas se a possuirmos
v. 14,15	Pessoas sem a lei são julgadas pelo que conhecem dela intuitivamente na consciência
v. 16	Jesus será o juiz

APÊNDICE 1: Um esboço de Romanos 1—7

2.17-29 O fracasso da religião e do moralismo

A confiança dos moralistas

v. 17a	Eles têm a lei de Deus
v. 17b	Têm um relacionamento com Deus
v. 18	Aprendem e aprovam a vontade dele
v. 19,20	Instruem e ensinam outros na lei

O fracasso dos moralistas

v. 21	Eles roubam
v. 22a	Cometem adultério
v. 22b	Têm ídolos
v. 23	Portanto, são hipócritas
v. 24	Resumo: o moralismo não pode cumprir a própria lei que honra (e, portanto, blasfema dela)

O fracasso da religião

v. 25	A observância exterior sem a realidade interior é vazia
v. 26	O interior é o que conta
v. 27-29	Resumo: a religião não pode transformar o coração; e um coração transformado é verdadeira espiritualidade

3.1-8 Respostas a objeções

v. 1	P: Paulo, você está dizendo que não existe nenhuma vantagem na religião bíblica?
v. 2	R: Não, não estou. Existe grande valor em ter e conhecer a Palavra ("os oráculos") de Deus
v. 3a	P: Mas, então, a Palavra não fracassou, posto que tantos judeus não creram no evangelho?
v. 3b,4	R: Não. Apesar do fato de que eles falharam e não creram, as promessas de Deus para salvar continuam se concretizando. Nossa infidelidade só revela o quanto ele é fiel!
v. 5	P: Mas, se Deus é fiel em resposta à nossa infide-lidade, como poderia julgar quem quer que seja?

APÊNDICE 1: Um esboço de Romanos 1—7

v. 6,7   R: Deus julgará a incredulidade. Isso é ser fiel em resposta à nossa infidelidade

v. 8   Qualquer um que afirme (coisa que não faço) que se pode pecar a fim de que Deus o ame é digno desse julgamento

3.9-18   Todos estão "debaixo do pecado"
Conclusão

v. 9,10   Todos estão debaixo do poder do pecado — ninguém está quite com Deus

O pecado e o nosso eu

v. 11   Ninguém quer Deus — todos pecam na mente e no coração

v. 12   Ninguém obedece a Deus — todos pecam na vontade

O pecado e o nosso próximo

v. 13   Pecado e palavras: nenhuma verdade

v. 14   Pecado e palavras: nenhum amor

v. 15-17   Pecado e obras: lutamos

O pecado e o nosso Deus

v. 18   Ninguém teme a Deus

3.19,20   Todos estão debaixo da culpa do pecado

v. 19   Existe uma responsabilidade universal

v. 20a   Existe uma condenação universal

v. 20b   A lei não pode nos salvar; ela só nos mostra nossa condenação

3.21-24   Como é recebida a justiça revelada proveniente de Deus?

v. 21   Ela não é baseada na observância da lei

v. 22   É recebida por meio da fé em Jesus Cristo

v. 22b,23   É necessária e está disponível para todas as pessoas

v. 24   É gratuita para nós, mas custosa para Cristo

APÊNDICE 1: Um esboço de Romanos 1—7

3.25-31 Como é fornecida a justiça revelada proveniente de Deus?
v. 25 Ela é baseada na morte de Cristo
v. 26 Satisfaz tanto a justiça quanto o amor de Deus
v. 27,28 Dá toda a glória a Deus
v. 29,30 Mostra que Deus é Deus de todo o mundo
v. 31 Satisfaz a lei de Deus

4.1-8 Por que Abraão foi salvo?
A Abraão foi concedida ("... atribuída...") a justificação, de modo que a salvação é um dom, não algo que se obtém por merecimento
v. 1 Ele descobriu a justificação pela graça muito tempo atrás
v. 2 Se tivesse sido salvo pelas obras, poderia ter se gloriado diante de Deus — mas essa é uma impossibilidade...
v. 3 ... como dizem as Escrituras: foi-lhe "... atribuída..." a justificação
v. 4 O salário é uma obrigação; o dom, não. Todo benefício é ou uma coisa ou outra
v. 5 Portanto, a salvação vem apenas para aqueles que param de tentar trabalhar por ela e, em vez disso, recebem-na como um dom
v. 6 Davi também fala dessa "justiça atribuída"
v. 7,8 O crente é alguém cujos pecados não são atribuídos ou contados contra ele

4.9-17 Quando Abraão foi salvo?
A justiça de Abraão veio antes da circuncisão e da lei, portanto, a salvação é para todos, não para alguns
v. 9 A justiça atribuída é só para os judeus?
v. 10 Abraão teve a justiça atribuída a ele antes de ser circuncidado
v. 11 Portanto, os não judeus que confiam nas mesmas promessas receberão a justiça atribuída...

v. 12	... e os judeus que confiam nas promessas de Deus, também
v. 13	A justiça foi atribuída a Abraão antes de a lei ser dada
v. 14	Viver segundo a lei significa não poder receber o que é prometido, e só ficar com a desaprovação de Deus...
v. 15	... pois a lei só pode nos mostrar onde deixamos a desejar
v. 16	Portanto, a salvação vem pela graça àqueles que creem na promessa, seja judeu, seja gentio...
v. 17	... como dizem as Escrituras: ele é pai, não de uma, mas de muitas nações

4.18-25 Como Abraão foi salvo?

A fé de Abraão é um estudo de caso para nós, a fim de que possamos ser verdadeiramente seus "filhos"

v. 18	O objeto da fé: a promessa de descendentes
v. 19	O realismo da fé: ele não negou os obstáculos
v. 20,21	O foco da fé: a glória e o poder de quem promete
v. 22	O resultado da fé: justiça atribuída
v. 23,24	As Escrituras fazem da fé de Abraão um exemplo para nós
v. 25	O objeto da nossa fé: Jesus (o descendente de Abraão), que morreu e ressuscitou para nossa salvação

5.1-8 Os benefícios da justificação que temos hoje

Sua descrição

v. 1	Paz com Deus
v. 2a	Acesso à graça em que estamos firmados
v. 2b	Esperança de glória
v. 3a	Alegria no sofrimento

APÊNDICE 1: Um esboço de Romanos 1—7

Seu crescimento: por meio do sofrimento
v. 3b   O sofrimento aumenta a persistência da pessoa justificada
v. 4a   A persistência resoluta produz confiança

Seu crescimento: por meio da experiência de Deus
v. 4b   Tudo isso leva ao crescimento em nossa esperança...
v. 5   ... que se aprofunda pela experiência do amor de Deus por meio do Espírito

Sua fonte
v. 6   Cristo morreu quando não tínhamos mérito
v. 7   A pessoa mais amorosa não morreria por alguém ruim, mas...
v. 8   ... foi exatamente o que Cristo fez

5.9-11   Os benefícios da justificação que teremos depois
v. 9   Se Cristo morreu por nós, pode nos "manter salvos", até mesmo no dia do juízo
v. 10a   Pois, se ele morreu em nosso favor quando éramos seus inimigos, fará menos por nós agora que somos seus amigos?
v. 10b   E se nos salvou em sua morte, com certeza nos guardará seguros, já que hoje vive
v. 11   Assim, alegramo-nos hoje na luz do futuro

5.12-14b   A carreira do primeiro Adão
Pecamos em Adão
v. 12a   A morte só vem para aqueles que são pecadores
v. 12b   Assim, todos morremos porque todos pecamos quando Adão pecou

Pecamos sem Adão
v. 13a   O pecado existiu de Adão até Moisés antes que fosse dada a lei formal/Dez Mandamentos
v. 13b   As pessoas sem a lei não são tão culpadas de pecado quanto aquelas que têm a lei...

v. 14a	... mas morriam do mesmo jeito antes de Moisés...
v. 14b	... portanto, morriam pela culpa do pecado de Adão.

5.14c-21 A carreira do segundo Adão
Em que Adão e Cristo são diferentes?

v. 14c	O ato de Adão como um "tipo" de Cristo
v. 15	A salvação trazida por um homem é muito maior do que o pecado trazido por um homem
v. 16	Cristo não só cobre a culpa do pecado de Adão, como também todos os outros pecados
v. 17	A justiça impõe a equivalência, mas a graça transborda além do que é merecido

Em que Adão e Cristo são iguais?

v. 18	Como o pecado de Adão nos trouxe culpa, assim a obediência de Cristo nos traz justificação
v. 19	Mais especificamente: aquele ato singular de Adão nos tornou legalmente pecadores (antes que agíssemos), do mesmo modo que o ato singular de Cristo nos torna legalmente justos (antes de agirmos)
v. 20	Quando a lei formal veio com Moisés, o pecado ficou mais visível e pior, mas...
v. 21	... quando Cristo veio, a graça chegou para sobrepujar, resultando em vida eterna

6.1 A primeira pergunta (de um conjunto de quatro)

v. 1	A mensagem da salvação só pela graça leva você a permanecer moralmente o mesmo?

6.2-10 Resposta — primeira parte: Não; o evangelho lhe dá conhecimento de seu novo status em relação ao pecado

v. 2	Morremos para o pecado quando nos tornamos cristãos

APÊNDICE 1: Um esboço de Romanos 1—7

v. 3-5	"Sabemos" que, quando fomos batizados com Cristo, morremos com ele a fim de que pudéssemos viver uma nova vida
v. 6,7	"Sabemos" que nosso velho eu foi deixado de lado, de modo que a influência do pecado em nós fosse anulada
v. 8-10	"Sabemos" que o poder da ressurreição de Cristo também triunfará em nós

6.11-14 Resposta — segunda parte: Não, o evangelho também lhe dá poder sobre o pecado

v. 11	Embora saiba que está morto para o pecado, você também deve se considerar assim
v. 12,13	Unido com Cristo, você pode obedecer ao pecado ou a Deus, portanto obedeça a Deus
v. 14	Como você não está mais debaixo da lei, o domínio do pecado sobre você está e será quebrado

6.15 A segunda pergunta: O evangelho (a mensagem de que você não está mais "... debaixo da lei...") o liberta para viver como bem entender?

6.16-23 Resposta — primeira parte: Não! Você pode ser ou escravo do pecado ou servo de Deus, mas ninguém está livre

v. 16	Todo mundo é escravo de alguma coisa!
v. 17-23	Existem só dois tipos de escravidão: ao pecado ou a Deus
v. 17,18	As origens de cada tipo: nascidos na escravidão do pecado, trazidos à escravidão a Deus pela conversão
v. 19	Como cada um deles se desenvolve: a escravidão ao pecado resulta em iniquidade sempre crescente; a escravidão a Deus leva à santidade
v. 20-23	Os resultados de cada um: morte (a ruína presente inclusive) ou a vida eterna

APÊNDICE 1: Um esboço de Romanos 1—7

7.1-6	**Resposta — segunda parte: Não! Você pode ou estar casado com a lei ou com Cristo, mas ninguém está livre**
v. 1-3	Ilustração: as esposas estão ligadas aos maridos até serem libertas pela morte
v. 4-6	Aplicação: estamos casados com Cristo! Portanto (como todas as pessoas casadas), estamos agora presos pelas cordas do amor, não do medo
v. 4	Como cada um começa: nascidos no casamento com a lei; trazidos para o casamento com Cristo por sua morte
v. 5,6	Os resultados de cada um: controlados pela natureza pecaminosa, levando à morte; servindo nos caminhos do Espírito
7.7a	**A terceira pergunta: A lei é algo ruim (já que a escravidão a ela causou o mal)?**
7.7b-12	**Resposta: Não, foi o pecado em mim que tornou a lei ineficaz**
v. 7b	A lei expõe o que o pecado realmente é
v. 8	O pecado é atiçado por sua exposição à lei
v. 9	A lei convence do pecado
v. 10,11	Assim, a lei traz tanto a exacerbação do pecado quanto o avassalador convencimento da culpa
v. 12	Resumo: a lei é moral e correta, mas eu sou pecador
7.13a	**A quarta pergunta: A lei é uma assassina?**
7.13b	**Resposta: Não, o pecado é o assassino**
7.14-25	**Nossa experiência do pecado remanescente** (os v. 18-20 recapitulam os v. 14-17)
v. 14,18	Nossa fraqueza: temos uma natureza pecaminosa remanescente, com inclinação para o mal

APÊNDICE 1: Um esboço de Romanos 1—7

v. 15,16,19   Nosso conflito interior: o pecado nos leva a fazer coisas que odiamos

v. 17,20   Nossa identidade: em certo sentido, então, quando pecamos, é o pecado em nós que o faz, não nosso eu mais verdadeiro

v. 21   Nosso dilema: quanto mais buscamos fazer o bem e ser moralmente corretos, mais o mal interior nos pressiona

v. 22,23   As duas forças do coração cristão:
O amor à lei de Deus no meu eu mais verdadeiro ("... a lei da minha mente...")
O pecado que odeia a lei de Deus (a lei "... nos membros do meu corpo...")

v. 24,25   Os dois gritos do coração cristão:
Desestímulo: Quem me salvará?
Esperança: Cristo me resgatou e me resgatará!

APÊNDICE 2: IDENTIFICANDO OS ÍDOLOS DO CORAÇÃO

O que é idolatria

Paulo desenvolve uma anatomia profunda do pecado no livro de Romanos. Ele nos mostra que o pecado vai muito além das meras violações comportamentais: ele começa no nível motivacional. Por isso, como Paulo explicará ao prosseguir para Romanos 8, não se pode resistir ao pecado por simples força de vontade, mas só pela aplicação da verdade do evangelho por meio do Espírito Santo, no nível motivacional.

Nos capítulos 1 a 7, no entanto, Paulo primeiro nos mostrou o que o pecado de fato é e como ele opera bem abaixo da superfície da nossa vida. Este apêndice "compila" seu ensinamento sobre o assunto e o combina com outro material bíblico, com o intuito de expor o tema em sua plenitude.

Até agora, Paulo disse:

1. Que a raiz do nosso problema é nossa relutância em glorificar a Deus, em dar a ele a centralidade que lhe é devida: "... mesmo tendo conhecido a Deus, não o glorificaram como Deus, nem lhe deram graças..." (1.21).
2. Por essa razão, escolhemos coisas criadas para serem nossos "deuses". A fim de negar a Deus o controle de nossa vida, cada um de nós escolhe uma (ou mais de uma) coisa criada pela qual viver e adorar em seu lugar. Nós "... [adoramos] [...] à criatura em lugar do Criador..." (1.25). Temos de adorar algo.
3. Em razão disso, toda vida é distorcida por uma mentira. Na base de todas as nossas escolhas na vida, da nossa estrutura emocional e da nossa personalidade está um falso sistema de crenças centrado em um ídolo — a crença de que alguma coisa além de Deus pode nos dar a vida e a alegria

APÊNDICE 2: Identificando os ídolos do coração

que só Deus é capaz de conferir. Nós "... [substituímos] a verdade de Deus pela mentira..." (1.25). Voltamo-nos para algo, que não Jesus, para ser nosso "salvador", nossa "justiça", o que nos torna moralmente corretos e aceitáveis.

4. Mas toda vida é uma espécie de escravidão. Ninguém é "livre" de verdade, pois devemos servir àquilo para o qual resolvemos viver — assim, as pessoas têm "...[adorado e servido] à criatura..." (1.25). Como cada ser humano precisa ter um "bem" supremo pelo qual todas as outras escolhas são feitas e os valores são julgados, todos "nos oferecemos" para alguma coisa (6.16). Por isso, todo ser humano mantém um "pacto de serviço" com um "senhor" que opera sua vontade por meio do nosso corpo (6.16-19).

5. Mesmo após a conversão, nossos antigos e falsos salvadores/senhores e seus sistemas de falsa crença correspondentes ainda distorcem nossa vida — a menos que o poder do Espírito Santo nos renove a mente e o coração sem parar (7.14-25).

6. A chave para a liberdade é a aplicação do evangelho da graça. "Pois o pecado não terá domínio sobre vós, pois não estais debaixo da lei, mas debaixo da graça" (6.14).

Eis outra maneira de resumir o ensino bíblico sobre a idolatria, desta vez usando Gênesis 3 (uma passagem que Paulo tem firme na mente ao escrever Romanos 1.18-31 e 5.12-21). Podemos tratar a questão em seis passos:

1. *Orgulho.* Pecado é buscar ser Deus, autoexistente e soberano sobre si mesmo. O pecado é um desejo de criar uma vida segura e independente, sem Deus. É uma relutância em confiar em Deus, em admitir que somos criaturas dependentes dele. Por isso a serpente promete a Eva: "... e sereis como Deus..." (Gn 3.5).

APÊNDICE 2: Identificando os ídolos do coração

2. *Medo*. O pecado do orgulho leva a uma consciência penetrante de nossa debilidade e da nossa culpa. Assim, há um impulso no sentido de obtermos tanto controle quanto valor, ao nos escondermos de Deus, de nós mesmos e dos outros: "... tive medo [...] por isso me escondi" (3.10).
3. *Mentira*. O pecado da ansiedade nos instiga a construir um sistema de crença baseado em um ídolo pelo qual buscamos poder e valor independentemente de Deus. Para tais coisas, confiamos nos ídolos. O sistema de ídolos distorce a maneira pela qual nos percebemos, como percebemos o sucesso e o fracasso, Deus, o mundo e os outros: "... Com certeza, não morrereis. [...] Deus sabe que no dia em que comerdes desse fruto, vossos olhos se abrirão..." (3.4,5).
4. *Autojustificação*. A mentira da vida leva a uma vida à procura da satisfação do(s) ídolo(s). Escolhas e comportamento são projetados para lhe buscar as bênçãos e evitar suas maldições. Todos os sistemas de ídolos são basicamente uma forma de "justiça pelas obras", cada qual com seu próprio conjunto de padrões e leis: "... fizeram para si aventais" (3.7).
5. *Luxúria*. Pelo fato de darmos aos ídolos o poder de nos justificar, precisamos tê-los; isso cria impulsos e desejos profundos e desordenados que nos dominam e não podem ser controlados. Nossos ídolos nos governam prendendo nossa imaginação sob a forma de imagens vívidas e positivas de certas condições que acreditamos que nos farão felizes e satisfeitos: "... o teu desejo será para o teu marido, e ele te dominará" (3.16).
6. *Diversas aflições*. Dependendo de quais são as nossas circunstâncias e de como estão indo nossos esforços de autojustificação, nossa dor será diferente. Se alguém ou algo nos impede de conseguirmos o que queremos, sentimos raiva e lançamos mão de um bode expiatório. Se alguma condição ameaça nossos ídolos, sentimos medo e ansiedade

APÊNDICE 2: Identificando os ídolos do coração

profundos. Se falhamos significativamente com nosso ídolo, sentimos desespero e autoaversão ou culpa. Se somos bem-sucedidos em agradar nosso ídolo, ainda assim experimentamos o vazio e o tédio.

Identificando nossos ídolos

Eis a seguir uma lista (não exaustiva) de "mentiras da vida" baseadas em ídolos:

A vida só tem sentido, ou eu só tenho valor, se...

... tiver poder e influência sobre os outros. *Idolatria do poder*
... for amado e respeitado por... *Idolatria da aprovação*
... tiver determinada experiência prazerosa, ou esta qualidade de vida em particular. *Idolatria do conforto*
... tiver um tipo específico de aparência ou imagem corporal. *Idolatria da imagem*
... puder ter domínio sobre minha vida na área de... *Idolatria do controle*
... as pessoas dependerem e necessitarem de mim. *Idolatria da ajuda*
... houver alguém para me proteger e me manter a salvo. *Idolatria da dependência*
... eu for completamente livre de quaisquer obrigações ou responsabilidades em relação a cuidar de alguém. *Idolatria da independência*
... eu for altamente produtivo, conseguindo fazer muita coisa. *Idolatria do trabalho*
... estiver sendo reconhecido por minhas realizações, e/ou se for excelente em minha profissão. *Idolatria da conquista*
... tiver certo nível de riqueza, liberdade financeira e bens materiais muito bons. *Idolatria do materialismo*
... me comprometer com os códigos morais da minha religião e participar de suas atividades. *Idolatria da religião*

APÊNDICE 2: Identificando os ídolos do coração

... determinada pessoa fizer parte da minha vida e ficar feliz com isso e/ou comigo. *Idolatria de uma pessoa específica*
... eu me sentir totalmente independente da religião organizada e tiver uma moralidade própria. *Idolatria da irreligião*
... minha raça e minha cultura forem ascendentes e/ou reconhecidas de alguma forma como superiores. *Idolatria racial/cultural*
... determinado grupo social, profissional ou outro me aceitar. *Idolatria da pertença*
... meus filhos e/ou meus pais estiverem felizes e também felizes comigo. *Idolatria da família*
... meu príncipe encantado (ou princesa encantada) estiver apaixonado(a) por mim. *Idolatria do relacionamento*
... eu estiver sofrendo ou com um problema. Só então me sentirei nobre, digno de amor ou capaz de lidar com a culpa. *Idolatria do sofrimento*
... minha causa política, social ou partidária estiver fazendo progressos e crescendo em influência ou poder. *Idolatria da ideologia*

Quando experimentamos emoções negativas, precisamos encontrar as possíveis fontes idólatras delas. Por exemplo:

- Se estiver com raiva, pergunte: "Há alguma coisa importante demais para mim? Alguma coisa que estou dizendo para mim mesmo que preciso ter? Por isso estou com raiva — porque estou sendo impedido de ter algo que penso que é uma necessidade, quando não é?".
- Se estiver com medo ou muito preocupado, pergunte: "Há alguma coisa importante demais para mim? Alguma coisa que estou dizendo para mim mesmo que preciso ter? Por isso estou com tanto medo — porque está sendo ameaçado algo que penso ser uma necessidade, quando não é?".

APÊNDICE 2: Identificando os ídolos do coração

- Se você se sente desanimado ou com ódio de si mesmo, pergunte: "Há alguma coisa importante demais para mim? Algo que estou dizendo para mim mesmo que preciso ter? Por isso estou tão 'pra baixo' — porque perdi ou fracassei em alguma coisa que penso que é uma necessidade, quando não é?".

Por conseguinte, podemos chegar à identidade básica dos nossos ídolos fazendo algumas perguntas diagnósticas:

- "Qual é o meu maior pesadelo? Com o que mais me preocupo?"
- "O que, caso me faltasse ou eu perdesse, faria eu me sentir como se nem quisesse mais viver? O que me faz seguir em frente?"
- "Em que confio ou com o que me conforto quando tudo vai mal ou fica difícil?"
- "Em que tenho mais facilidade de pensar? Para onde minha mente vai quando estou livre? O que me preocupa?"
- "Que oração, se não fosse respondida, me faria considerar com seriedade a possibilidade de me afastar de Deus?"
- "O que me leva a sentir maior autoestima? Do que tenho mais orgulho?"
- "O que realmente quero e espero da vida? O que me deixaria realmente feliz?"

Ao respondermos a essas perguntas, pode acontecer de temas comuns se revelarem. Começamos a enxergar que coisas tendem a ser importantes demais para nós e quais parecem ser os nossos "senhores" funcionais.

Desmantelando nossos ídolos

Uma vez identificados os nossos ídolos, há três maneiras de começar a desmantelá-los.

APÊNDICE 2: Identificando os ídolos do coração

1. A abordagem "moralizante" afirma: "Seu problema é que você está pecando aqui e ali. Arrependa-se e pare!". O foco está no comportamento, ou seja, não se aprofunda o suficiente. Temos de descobrir o *motivo* do comportamento — que desejos exorbitantes estão operando e quais são os ídolos e as falsas crenças por trás deles. Dizer simplesmente a alguém infeliz para "se arrepender e mudar de vida" não o ajudará, por causa da falta de autocontrole proveniente de uma crença que diz: "Se não tiver isso, mesmo que corresponda a padrões morais em sua vida, você continua sendo um fracasso". Você precisa substituir essa crença, arrependendo-se de um pecado por baixo de tudo — sua idolatria particular.
2. A abordagem "psicologizante" diz: "Seu problema é que você não vê que Deus o ama do jeito que você é". Ela se concentra nos sentimentos, por isso não se aprofunda o suficiente. Temos de descobrir a razão pela qual a pessoa não se sente feliz ou amada — que desejos imoderados estão operando e quais são os ídolos e as falsas crenças por trás deles. Simplesmente dizer a alguém infeliz "Deus o ama" não vai ajudar, pois sua infelicidade é proveniente de uma crença que diz: "Se você não tiver isso, continua sendo um fracasso, mesmo se Deus o amar". Você precisa substituir essa crença pelo arrependimento de um pecado subjacente a tudo isso — sua idolatria particular.
3. A abordagem da "aplicação do evangelho" diz: "Seu problema é que você está buscando sua felicidade em alguma coisa além de Cristo". Isso confronta a pessoa com o verdadeiro pecado que subjaz aos pecados e está por trás de sentimentos ruins. O arrependimento por rejeitar a graça e a aceitação gratuitas de Cristo é um gesto angustiante, porém, alegre. Paulo nos conta que a escravidão do pecado é quebrada quando saímos de debaixo da lei. Todo ídolo é o centro de algum sistema de justificação por obras pelo qual buscamos

APÊNDICE 2: Identificando os ídolos do coração

"fazer por merecer" nossa salvação agradando o ídolo. Todo sistema de ídolos é um modo de estar "... debaixo da lei...". Só quando compreendemos que somos justos em Cristo é que o poder do ídolo sobre nós é quebrado. "Pois o pecado não terá domínio sobre vós, pois não estais debaixo da lei, mas debaixo da graça" (Rm 6.14). Viver e pensar de si mesmo como alguém que está "... debaixo da graça..." significa que nenhuma coisa criada pode agora dominá-lo ou controlá-lo. Em vez disso, você pode desfrutar delas.

Eis como aplicar essa terceira abordagem:

Desmascare os ídolos. Precisamos nos lembrar de que os ídolos criam um "campo ilusório" ao redor deles. Nós os deificamos e engrandecemos cognitiva e emocionalmente. Lembre-se de que os temos enaltecido aos nossos olhos como se eles fossem mais maravilhosos e todo-poderosos do que de fato são.

Acima de tudo, lembre-se do que você está dizendo para Deus quando anseia por ídolos (em sua raiva, seu medo, seu desânimo). É algo do tipo: "Senhor, acho bom tê-lo, mas existe essa outra coisa que preciso ter, sem a qual minha vida não é feliz nem tem significado. Se não conseguir tê-la, vou me desesperar. Só o senhor não basta. Preciso disso também, como um requisito para me sentir realizado. Na verdade, se o senhor tirasse essa coisa de mim, eu lhe daria as costas, pois o senhor é negociável, mas ela não! Esse é o verdadeiro objetivo da minha vida — se o senhor não for útil para que eu a alcance, pode ser que o deixe".

É importante ver o que de fato estamos dizendo e reconhecer tanto a irracionalidade quanto a crueldade disso. Precisamos enxergar o quanto estamos sendo ingratos com Jesus. Precisamos ver que, no fundo, essa é mais uma maneira de evitar Jesus como Salvador e de tentarmos ser o nosso próprio salvador.

APÊNDICE 2: Identificando os ídolos do coração

Arrependa-se desse pecado por baixo de todos os outros pecados. Isso tem de acontecer em dois estágios:

- Odiando o pecado em si. "Senhor, vejo por que essa coisa é repulsiva como ídolo. Senhor, em si ela não é ruim — o que meu coração faz dela, elevando-a, é que a torna má. Recuso-me a continuar sendo controlado por ela, que só causa danos em minha vida. O senhor me justifica, não ela. O senhor é meu mestre, não ela. Não serei controlado por isso. Minha vida não é isso — não preciso disso. Cristo é minha vida — é só dele que preciso".
- Regozijando-me na graça e na obra de Jesus. "Senhor, tenho tentado fazer por merecer minha própria salvação e tecer minha própria justiça. Mas o Senhor é a minha salvação e a minha justiça. Sou aceito em seu Filho! Todos os meus problemas me sobrevêm porque estou me esquecendo como sou amado, honrado, belo, seguro, rico, respeitado, abraçado e livre em Jesus. São vãs todas as outras maneiras de encontrar honra, respeito, propósito e assim por diante. Deixe-me ficar extasiado por seu amor de tal modo que nenhum outro consiga me controlar".

APÊNDICE 3: O DEBATE RECENTE

Uma "nova perspectiva" tem sido desenvolvida em tempos mais recentes sobre o significado da expressão "obediência à lei" (NIV; ou, como na versão ESV, "obras da lei"), de Romanos 3.20,28.

Muitos intérpretes acreditam que Paulo se refira apenas à lei cerimonial mosaica — a circuncisão, as leis sobre o consumo de alimentos e outras relacionadas com a manutenção da "pureza" ritual. Segundo essa concepção, "obras da lei" não diz respeito ao desempenho moral em geral, mas à adoção de costumes culturais judaicos e marcos de fronteiras étnicas. Ou seja, Paulo não está tratando de um sistema de salvação baseado na justificação pelas obras (i.e.: a ideia de que você deve obedecer a leis específicas a fim de ficar quite com Deus) nem o está contrariando. Antes, por sua argumentação, Paulo está se opondo à visão de que os cristãos gentios devem assumir os marcos étnicos judaicos e se tornarem culturalmente judeus.

Assim, por essa "nova perspectiva", os judeus aos quais Paulo se dirige em Romanos 2 e 3 não são legalistas, mas nacionalistas. E, por essa razão, ele não se opõe à "salvação pelas obras", mas à exclusividade racial e étnica. Isso quer dizer que o propósito de Paulo no livro de Romanos é insistir em que todas as raças e classes se sentem em pé de igualdade à "mesa de Deus", porque somos todos um em Cristo.

Dediquei longo tempo a pesar os prós e contras dessa "nova perspectiva", e creio que ela seja muito proveitosa em vários sentidos, contudo não consegue derrubar a essência da abordagem histórica e clássica. Este não é o lugar para uma análise meticulosa, e o que segue com certeza não se pretende algum tipo de última palavra, mas aqui vão minhas breves conclusões...

Não se pode separar nacionalismo e legalismo como se fossem duas coisas distintas. As obras da lei provavelmente incluem

APÊNDICE 3: O debate recente

a observância de marcos de fronteiras culturais (p. ex., a confiança na circuncisão, 2.25-29; 4.9-12), e essa era claramente uma questão séria entre os crentes gálatas também, com potencial para lhes dividir a igreja e abalar as estruturas do evangelho (Gl 2.1-16). Mas o nacionalismo é uma forma de legalismo, o qual consiste em se acrescentar qualquer coisa a Jesus Cristo como uma exigência para a plena aceitação junto a Deus. Uma superioridade moral que vem das boas obras ou da estirpe racial e cultural brota da mesma raiz espiritual. A boa notícia [ou o evangelho] é que nós somos salvos por meio do que Cristo faz, e não pelo que nós fazemos ou somos. Assim, quando os judeus pensavam que sua identidade cultural e suas normas — sua judaicidade — os salvavam, estavam adotando uma forma de autossalvação. A realização humana estava se convertendo na base para a posição que ocupavam diante de Deus.

A chave está em que Paulo associa as obras da lei à "vanglória" (Rm 3.27,28, NVI). Ao longo das Escrituras, a palavra "vanglória" é usada em relação àquilo em que uma pessoa confia e de que se orgulha (veja Jr 9.23,24; 1Co 1.31). Paulo afirma que vangloriar-se ou confiar em si mesmo é o que serve de base às obras da lei. Dessa forma, embora as obras da lei possam significar confiar (ou vangloriar-se) no nacionalismo, não há de ser só isso; o nacionalismo é uma forma de autossalvação ou legalismo. E é isso que Paulo quer dizer com a expressão "obras da lei".

Portanto, em última análise, ainda devemos ler o livro de Romanos como a defesa paulina do evangelho da graça imerecida contra a conquista do favor de Deus por realização ou status humano. A "nova perspectiva" não pode afastar o entendimento clássico de Romanos. Contudo, esse debate sobre a expressão "obras da lei" é útil para nós em dois sentidos.

Primeiro, ele nos mostra quão sutilmente o evangelho pode ter suas bases atacadas dentro da igreja e da comunidade cristã.

APÊNDICE 3: O debate recente

A "nova perspectiva" nos revela que aqueles que se chamam judeus (Rm 2.17) não eram legalistas absolutos que rejeitavam Cristo por completo.

Em vez disso, diziam: "Jesus é imprescindível e crucial para sermos salvos, claro, mas só a fé nele não é suficiente para a plena aceitação de Deus. Devemos continuar a cumprir os costumes cerimoniais e culturais mosaicos". Isso é muito mais sutil.

De igual modo, o moralismo que anestesia o espírito não cresceria em nossas igrejas por meio da negação ruidosa e evidente da doutrina da justificação somente pela fé. Essa verdade tem probabilidade muito maior de ser abalada nas novas formas de exigir conformidade cultural ou outras abordagens muito mais sutis.

Segundo, esse debate nos mostra que o livro de Romanos costuma ser lido muito como um debate um tanto acadêmico sobre doutrina. Mas Paulo não está apenas, ou principalmente, preocupado com uma ruptura nas crenças doutrinárias dos indivíduos. Ele tem uma preocupação profunda com a ruptura na unidade e na comunhão cristãs. É importante perceber com que frequência o livro de Romanos trata dos problemas de como as pessoas de formação cultural e tradições religiosas muito diferentes podem viver em unidade como cristãs. As verdades do evangelho não são matéria só para a torre de marfim, para salas de conferências e teses de doutorado; elas são fundamentais para a vida cotidiana, no coração e em casa, com membros da congregação e colegas de trabalho.

GLOSSÁRIO

Abraão (também chamado Abrão). Ancestral da nação de Israel e a pessoa com quem Deus fez um acordo vinculativo (aliança). Deus prometeu tornar sua família uma grande nação, dar-lhes um território e abençoar todas as nações por meio de um de seus descendentes (veja Gn 12.1-3).

aliança. Acordo vinculativo entre duas partes.

analogia. Uma comparação entre duas coisas, geralmente usando uma delas para explicar ou esclarecer a outra.

arrependimento. Literalmente, termo militar que significa "meia-volta". Utilizado para expressar mudança de direção a fim de se viver no sentido oposto ao anterior.

ascensão. Quando Jesus deixou a terra para voltar ao céu, a fim de se sentar à direita de Deus Pai e governar (veja At 1.6-11; Fp 2.8-11).

autonomia. A capacidade de tomar as próprias decisões sem ser dirigido por ninguém; autogovernar-se.

blasfemado. Quando Deus é desrespeitado ou alvo de zombaria.

circuncidado. Deus disse aos homens do seu povo, no Antigo Testamento, para se circuncidarem como forma de mostrar fisicamente que o conheciam, confiavam nele e pertenciam ao povo de Deus (veja Gn 17). Também era um modo prático de demonstrar o reconhecimento de que, se quebrassem a aliança, mereceriam ser apartados de Deus e não ter descendentes.

cognitivo. Algo que se pode compreender com a mente.

comissionado. Alguém a quem foi dada responsabilidade, atribuição ou trabalho específico.

condenar. Convencer da culpa.

conversão. O momento em que alguém, pela primeira vez, reconhece Jesus, o Filho de Deus, como Senhor e se volta para ele como Salvador.

GLOSSÁRIO

cosmovisão. As crenças que professamos na tentativa de entender o mundo, à medida que o vivenciamos, e que direcionam o modo como vivemos. Cada um de nós tem uma cosmovisão.

dignitário. Alguém de classe ou posição elevada (como um embaixador ou um senador).

doutrina. O estudo do que é verdadeiro acerca de Deus; ou uma declaração sobre um aspecto dessa verdade.

ético. Um ato acertado, de acordo com um conjunto de princípios morais.

evangelho. Um anúncio, em geral traduzido como "boas-novas". Quando o imperador romano enviava uma proclamação por todo o império declarando sua vitória ou sua conquista, a isso se dava o nome de "evangelho". O evangelho é boas-novas em que devemos crer, não um bom conselho a ser seguido.

evangelizar/evangelista. Contar às pessoas o evangelho de Jesus Cristo. Evangelista é aquele que faz isso.

experiência. Um período de teste ou observação das qualidades de alguém, ao fim do qual o desempenho satisfatório levará a alguma forma de recompensa.

fariseus. Líderes de uma seita judaica do primeiro século, extremamente rigorosa quanto à observância exterior das leis de Deus, às quais acrescentavam normas extras para se certificarem de que não as infringiriam.

fé. Confiança de todo o coração.

fruto do Espírito. As características que o Espírito Santo desenvolve nos cristãos, incluindo-se amor, alegria, paz, paciência, benignidade, bondade, fidelidade, amabilidade e domínio próprio (veja Gl 5.22,23).

funcional. Real, em sentido prático.

gentios. Pessoas não etnicamente judias.

graça. Favor imerecido. Na Bíblia, a palavra "graça" costuma ser usada para descrever como Deus trata seu povo. Pelo fato de ser rico em graça, Deus concede vida eterna aos que creem (Ef 2.4-8); também lhes dá dons para usarem a serviço de seu povo (Ef 4.7,11-13).

GLOSSÁRIO

hebreu. Um judeu, membro de Israel.

imperativos. Ordens ou regras.

imputar. Atribuir a alguém ou compartilhar com alguém uma qualidade (boa ou má), de modo que lhe seja completamente creditada.

lei. Os padrões divinos, dados ao longo de toda a Bíblia; contudo, "Lei" costuma se referir à lei que Deus entregou a Moisés para que o povo de Deus do Antigo Testamento, Israel, obedecesse (incluindo os Dez Mandamentos; veja Êx 20.1-17).

liberais. Crentes professos que não consideram as Escrituras infalíveis.

licenciosidade/licencioso. Viver de acordo com os sentimentos, em vez de por princípios, em especial no que diz respeito ao sexo.

liturgia. Forma de adoração pública; a ordem e a linguagem do culto em uma igreja.

metáfora. Imagem usada para explicar algo, mas não interpretada no sentido literal (p. ex.: "A notícia foi uma facada em seu coração").

místico. Não físico, espiritual.

Moisés. O líder do povo de Deus na época em que Deus o tirou da escravidão no Egito. Deus transmitiu sua Lei (incluindo os Dez Mandamentos) por intermédio de Moisés, e foi sob sua liderança que conduziu o povo rumo à terra que prometera lhe dar.

non sequitur. Conclusão que não flui naturalmente do argumento apresentado para sustentá-la.

objetivo. Aquilo que constitui uma verdade baseada em fatos, não em sentimentos (p. ex.: "Sou casado com esta mulher").

obras. Coisas que fazemos ou realizamos.

onipotência. A verdade de que Deus é absolutamente todo-poderoso.

ortodoxia. Ensino cristão padrão, aceito.

pagãos. Pessoas que não conhecem nem adoram o Deus verdadeiro.

perverso. Algo (desejo ou ato) totalmente errado.

professo. Adjetivo referente a alguém que afirma ser algo (p. ex.: um cristão professo é alguém que diz ser cristão).

GLOSSÁRIO

puritano. Membro de um movimento dos séculos 16 e 17, na Grã-Bretanha, comprometido com a Bíblia como Palavra de Deus, com os cultos de adoração mais simples, com maior envolvimento e devoção no seguir a Cristo e, cada vez mais, com a resistência às estruturas hierárquicas da igreja institucional. Muitos emigraram para o que haveria de se tornar os Estados Unidos e exerceram forte influência sobre a igreja na maior parte das primeiras colônias.

reformador. Alguém das duas primeiras gerações de pessoas do século 15 e início do século 16 que pregava o evangelho da justificação pela fé e se opunha ao Papa e à Igreja Romana.

reino de Deus. A vida sob o governo perfeito de Jesus Cristo. Entramos no reino de Deus quando nos voltamos para seu Filho, Jesus, em arrependimento e fé; desfrutaremos plenamente do reino quando Jesus voltar a este mundo e o estabelecer sobre a terra inteira.

Sermão do Monte. Termo usado para descrever um sermão pregado por Jesus para uma enorme multidão na encosta de um monte, relatado por Mateus nos capítulos 5 a 7 de seu Evangelho.

soberano. Régio, todo-poderoso.

subjetivo. Algo baseado em sentimentos e opiniões (p. ex.: "Ela é a mulher mais linda do mundo" é uma opinião subjetiva).

zelo. Grande paixão; compromisso firme com alguma coisa e entusiasmo por essa mesma coisa.

BIBLIOGRAFIA

AUGUSTINE. *Confessions* (New York: Mentor/Penguin, 1963).

_____ [AGOSTINHO]. *Confissões*. 3 ed., tradução de Maria Luíza Jardim Amarante (São Paulo: Paulus, 2006). Tradução de: Confessiones.

BAHNSEN, Greg. *Presuppositional apologetics stated and defended* (Braselton: American Vision, 2010).

BARCLAY, William. *Great themes of the New Testament* (Louisville: Westminster John Knox, 2001).

CALVIN, John. *Commentaries on the Epistle of Paul to the Romans*. Tradução para o inglês de John Owen (Edinburgh: Calvin Translation Society, 1849).

_____ [JOÃO CALVINO]. *Romanos*, 3 ed., Série Comentários Bíblicos. Tradução de Valter Graciano Martins (São José dos Campos: Fiel, 2014). Tradução de: Romans.

GERSTNER, John H. *Theology of everyman* (Chicago: Moody, 1965).

GUTHRIE, William. *The Christian's great interest* (Edinburgh: Banner of Truth, 1969).

HODGE, Charles. *Princeton sermons* (Nashville: Thomas Nelson & Sons, 1879).

KENNEDY, D. James. *Evangelism explosion* (Carol Stream: Tyndale, 1973).

_____. *Evangelismo explosivo* (São Paulo: Evangelismo Explosivo Internacional no Brasil, 2007). Tradução de Evangelism explosion.

KLINE, Meredith. "Covenant theology under attack". *New Horizons*. February (1994).

LEWIS, C. S. *Mere Christianity* (London: MacMillan, 1969).

BIBLIOGRAFIA

──────. *Cristianismo puro e simples*. Tradução de Marcelo Brandão Cipolla. (São Paulo: WMF Martins Fontes, 2009). Tradução de: Mere Christianity.

LLOYD-JONES, D. Martyn. *Romans: exposition of chapter 6: the new man*. Roman Series (Grand Rapids: Zondervan, 1989).

──────. *Romanos: exposição sobre capítulo 6: o novo homem* (São Paulo: PES, 2011). Tradução de: Romans: exposition of chapter 6.

──────. *Romans: exposition of chapters 2:1—3:20 the righteous judgment of God*. Roman Series (Grand Rapids: Zondervan, 1989).

──────. *Romanos: exposição sobre capítulos 2:1—3:20: o justo juízo de Deus* (São Paulo: PES, 1999). Tradução de: Romans: exposition of chapter 2:1—3:20.

LOVELACE, Richard. *Dynamics of spiritual life* (Downers Grove: IVP, 1979).

──────. *Teologia da vida cristã: as dinâmicas da renovação espiritual* (São Paulo: Shedd, 2004). Tradução de: Dynamics of spiritual life.

LUTHER, Martin. *Commentary on the Epistle to the Romans* (Edinburgh: Kregel Classics, 2003).

MACHEN, J. Gresham. "The active obedience of Christ". *The Presbyterian Guardian*. November 10th (Philadelphia: 1940): 131-2.

MOO, Douglas J. *The Epistle to the Romans*. The New International Commentary Series (Grand Rapids: Eerdmans, 1996).

MURRAY, John. *The atonement* (Grand Rapids: Baker, 1962).

──────. *The Epistle to the Romans* (Grand Rapids: Zondervan, 1959).

──────. *Romanos: comentário bíblico* (São José dos Campos: Fiel, 2003). Tradução de: The Epistle to the Romans.

BIBLIOGRAFIA

Owen, John. "On the Mortification of sin in believers". In: *Temptation and sin* (Grand Radis: Zondervan, 1958).

_____. *Tentação e mortificação do pecado: o que todo cristão precisa saber* (São Paulo: PES, 2000). Tradução de: Temptation and sin.

Pascal, Blaise. "Pensées". In: *The works of Pascal* (New York: Random House, 1941).

_____. *Pensamentos* (São Paulo: WMF Martins Fontes, 2005). Tradução de: Pensées.

Piper, John. *The roots of endurance* (Wheaton: Crossway, 2002).

_____. *Raízes da perseverança* (Rio de Janeiro: Tempo de Colheita, 2010). Tradução de: The roots of endurance.

Pippert, Rebecca Manley. *Out of the saltshaker and into the world: evangelism as a way of life* (Downers Grove: IVP, 1999).

_____. *Evangelismo natural: um novo estilo de comunicar sua fé.* Tradução de Emirson Justino da Silva (São Paulo: Mundo Cristão, 1999). Tradução de: Out of the saltshaker and into the world.

Ryle, J. C. *The select sermons of George Whitefield with an account of his life* (Edinburgh: Banner of Truth Trust, 1900).

Sibbes, Richard. *The work of Richard Sibbes* (Edinburgh: Nicol Edition, 1923 [, hoje publicado por: BiblioBazaar]). vol 5.

Stott, John. *Men made new* (Downers Grove: IVP, 1966).

_____. *A mensagem de Romanos 5—8: homens novos* (São Paulo: ABU, 1988). Tradução de: Men made new.

_____. *The message of Romans.* The Bible Speaks Today (Downers Grove: IVP Academic, 2001).

_____. *A mensagem de Romanos.* A Bíblia Fala Hoje (São Paulo: ABU, 2000). Tradução de: The message of Romans.

Esta obra foi composta em ACaslon,
impressa em papel offset 75 g/m², com capa em cartão 250 g/m²,
na Imprensa da Fé, em abril de 2024.